William Shakespeare

Der Kaufmann von Venedig oder Liebe und Freundschaft

William Shakespeare

Der Kaufmann von Venedig oder Liebe und Freundschaft

ISBN/EAN: 9783743466746

Hergestellt in Europa, USA, Kanada, Australien, Japan

Cover: Foto ©ninafisch / pixelio.de

Weitere Bücher finden Sie auf **www.hansebooks.com**

Ich habe unter Shakespears Lustspielen zum Anfange vorsetzlich ein solches gewählt, das, meinem Urtheile nach, eines geringeren Werths ist, als so viele andere nicht sind. Ein Versuch für Shakespearn, und für — — — Misfällt es: nun, so habe ich die andern alle im Hinterhalte, das wieder gut zu machen. Findet es jedoch Beyfall — wie man denn diesen von allem, was Shakespears ist, zuverläßiger hoffen, als Misfallen besorgen darf: — Könnte ich wohl dann noch Bedenklichkeit haben, der mir so angenehmen Mühe mich zu unterziehen, noch andere seiner Lustspiele gleichfalls auf unsere Bühne zu bringen?

Personen.

Der Herzog.
Morochius, ein mohrischer Prinz.
Prinz von Arragon.
Antonio, ein Kauffmann.
Bassanio, Antonios Freund.
Gratiano.
Lorenzo. | Antonios und Bassanios Freunde.
Schylock, ein Jude. *
Tubal, ein Jude, Schylocks Freund.
Gobbo, Schylocks Diener.
Bedienter.
Kerkermeister.

Portia, eine Erbinn von großem Stande und Vermögen.
Nerissa, Ihre Freundinn.

Senatoren. Gerichtsschreiber. Gerichtsdiener. Gefolge der Prinzen. Bediente der Portia, und des Bassanio.

Die Scene ist theils in Venedig, theils in Belmont, dem Sitz der Portia auf dem festen Lande.

* Sollte auch auf andern Theatern dieses Lustspiel vorgestellt werden, so wolle der Schauspieler, der die Rolle Schylocks übernimmt, sich erinnern, daß Schylock ein Jude von Erziehung, der mit der großen Welt im Umgange, und also von der feinern Gattung, folglich ihm unanständig ist, des pöbelhaften Judendialekts sich zu bedienen. Er erlaube sich jezuweilen nur den allerfeinsten, beynah unbemerkbarsten Akzent von diesem Dialekte, und unterscheide sich übrigens blos durch Geberden- und Minenspiel.

Erster

Erster Aufzug.

Erster Auftritt.

Gasse.
Antonio. Bassanio.

Ant. Gut. Aber sagt mir doch itzt, was das für eine Dame ist, der ihr eine geheime Pilgrimschaft geschworen habt, und wovon ihr mir letzthin zu erzählen versprachet?

Bass. Es ist euch nicht unbekannt, Antonio, wie sehr ich durch eine prächtigere Lebensart als meine geringen Mittel lange aushalten konnten, in meinem Vermögen zurückgekommen bin; ich beklage mich nicht darüber, daß ich mich genöthiget sehe, meine Ausgaben einzuschränken; aber meine größte Sorge ist, wie ich mit einer guten Art der großen Schulden los werden möchte, in die mich meine zu verschwenderische Jugend verwickelt hat. Euch, Antonio, bin ich an Liebe und an Geld am meisten schuldig; und eure Liebe muntert mich auf, ein Mittel zu Ausführung eines Entwurfs von euch zu erwarten, wodurch ich auch meine Geldschulden werde tilgen können.

Ant.

Ant. Ich bitte euch, mein lieber Bassanio, laßt michs wissen; und wenn es, wie ihr selbst, in dem Gesichtskreise der Ehre steht, so seyd versichert, mein Beutel, meine Person, meine letzten Mittel liegen aufgeschlossen zu euern Diensten.

Bass. Wenn ich in meinen Schultagen einen Pfeil verloren hatte, so schoß ich einen andern mit gleicher Stärke und in der nämlichen Linie ab, und gab genauer acht, wo er hin fiel; auf diese Art, und indem ich beyde wagte, fand ich oft beyde. Ich nehme das Exempel von diesem Kinderspiel, weil das, was folgen wird, die lautere Unschuld ist. Ich bin euch vieles schuldig, und gleich dem Pfeil des unbesonnenen Knaben, ist das, was ich schuldig bin, verloren. Aber wenn es euch belieben wird, noch einen Pfeil eben denselben Weg zu schiessen, wohin ihr den ersten schosset, so zweifle ich nicht, durch die Aufmerksamkeit, womit ich das Ziel beobachten will, sollen entweder beyde gefunden werden, oder ich bringe euch den letzten zurück, und bleibe euer dankvoller Schuldner für den ersten.

Ant. Ihr kennt mich wohl, und verliert nur die Zeit damit, euch mit solchen Umständen um meine Liebe herum zu winden. Ganz gewiß, ihr thut mir diesen Augenblick, da ihr einen Zweifel in meine äußerste Bereitwilligkeit für euch setzt, mehr Unrecht, als wenn ihr mich um alles brächtet, was ich habe. Sagt mir also nur, was ich thun soll, und was eurem Urtheil nach, von mir gethan werden kann, und ich bin bereit dazu; redet also.

Bass. In Belmont befindet sich eine junge Dame im Besitz eines reichen Erbgutes. Sie ist schön, und schöner als dieses Wort an bewunderswürdigen Tugenden. Ihr Name ist Portia, und sie weicht in keinem Stücke der Tochter des Cato, jener Por-

tia

tia des Brutus; auch ist die weite Welt ihres Werths nicht unkündig, denn die vier Winde blasen von jeder Küste ansehnliche Freyer ihr zu, und ihre sonnichten Locken hangen um ihre Schläfe gleich einem goldnen Fließ, welches ihren Sitz zu Belmont dem Strande von Colchis ähnlich macht, und manche Jasons herbeylockt, sie zu gewinnen. O, mein Antonio, hätte ich nur die Mittel den Platz eines Nebenbuhlers unter ihnen zu behaupten, so sagt mir mein Herz einen solchen Erfolg zu, daß ich außer Zweifel höchst glücklich seyn würde.

Ant. Du weist, daß alles mein Vermögen auf dem Meer ist; ich habe weder baares Geld, noch Gelegenheit es so gleich zu erwerben. Geh also, versuche was mein Credit in Venedig thun kann. Das Aeußerste davon soll daran gestreckt werden, dich in den Stand zu setzen, die Reise nach Belmont zu der schönen Portia zu thun. Geh, frage ungesäumt nach, wo Geld zu haben ist; ich will es auch thun. Ich zweifle nicht, es auf meine Bürgschaft zu bekommen. Wir wollen uns hier wieder treffen. (beyde auf verschiedenen Seiten ab.)

Zweyter Auftritt.

Gratiano. Lorenzo.

Grat. Vermuthlich hat Bassanio seine Sache schon angebracht?

Lor. Gewiß; denn nicht ohne Ursache sind beyde so eifrig auseinander gegangen.

Grat. Wenn nur Bassanios Hoffnung, mit der er auf des Juden Schylok Beystande rechnet, nicht vereitelt wird. Sie ist die einzige und beste, die er hat, und die ich habe.

Lor. Ihr?

Grat. Ich, ich; denn die schöne Nerissa, Portias Freundinn, hat auch in meinem Herzen so etwas zurückgelassen, daß ich recht sehr wünschen muß, Bassanio nach Belmont zu begleiten.

Dritter Auftritt.
Vorige. Gobbo.

Lor. Ha! Freund Gobbo, was giebts neues?

Gob. Wenn es euch beliebt, dieses zu erbrechen, so werdet ihrs der Länge nach erfahren.

Lor. Ich kenne die Hand; es ist eine schöne Hand, und weisser, als das Papier, worauf sie geschrieben,

Grat. Liebesneuigkeiten, wie ich sehe?

Lor. Mit eurer Erlaubniß. (er erbricht den Brief und liest) Hier, nim das, (giebt ihm Geld) und sage der schönen Jeßica, daß an mir nichts ermangeln solle; sag es ihr aber in Geheim. (Gobbo ab.)

Vierter Auftritt.
Gratiano. Lorenzo.

Grat. Dieser Brief ist also von der schönen Jeßica?

Lor. Ich muß euch schon alles sagen. Ihr wißt, daß ich diese Jeßica liebe, daß sie mich liebt; ihr seht aber auch zugleich ein, daß wir unsere Vereinigung vergeblich hoffen, wenn der Alte nicht hintergangen und bemaust wird. Wir sind nun beyde endlich eins geworden; sie, ihren Vater zu bezwacken, ich sie zu entführen. Das nun so recht gemächlich ins Werk zu setzen, hat Salanio den Juden, ihren Vater, zu dem Gastmahle eingeladen,

das

das heute in seiner Behausung, und wozu nebst Antonio und Bassanio auch ihr und noch andere mehr gebeten sind, gegeben wird. Während dem Balle, der darauf folgen soll, wird Jeßica um so sicherer gehoben werden können. Sie ist davon gänzlich unterrichtet, und hier hat sie mir Anweisung gegeben, wie ich sie recht füglich aus ihres Vaters Haus unter dieser Zeit entführen könne. Sie berichtet mich, daß sie schon mit Gold und Juwelen versehen ist, und ein Pagekleid für sich selbst in Bereitschaft hat.

Grat. Still! hier kömmt Bassanio mit dem Juden Schylock. Wir wollen uns indeß bey Seite begeben. (sie gehen beyseite.)

Fünfter Auftritt.
Bassanio. Schylock.

Schyl. Drey tausend Ducaten? wohl.

Bass. Ja, auf die kurze Zeit, wie ich euch gesagt habe.

Schyl. Wohl, wohl.

Bass. Wofür, wie ich sagte, Antonio Bürge seyn will.

Schyl. Antonio soll Bürge seyn? wohl.

Bass. Was habt ihr darauf zu antworten?

Schyl. Antonio ist ein guter Mann.

Bass. Habt ihr jemals etwas anders von ihm gehört?

Schyl. Nein, nein, nein, nein; wenn ich sage, er ist ein guter Mann, so will ich damit sagen, daß er ein Mann ist, dessen Bürgschaft anzunehmen ist; indessen sind doch seine Mittel nur in Supposition; er hat ein Schiff von Tripoli zu erwarten, ein anders aus Indien; ich vernehme auch auf dem Rialto, daß er ein drittes für Mexico, und ein viertes für England auf dem Weg hat; und ich weis, er hat noch mehr Gut, das in der Welt herumfährt. Allein Schiffe sind nur Bretter, und Matrosen nur Menschen, es giebt Landratzen und Wasserratzen, Wasserdiebe und Landdiebe, ich meyne Seeräuber; und dann sind die Gefahren auf der See, Winde und Klippen. Der Mann ist alles dessen ungeachtet hinlänglich. Drey tausend Ducaten? Ich denke, ich kann seine Bürgschaft annehmen.

Baſſ. Seyd versichert, ihr könnt es.

Schyl. Ich will versichert seyn, daß ich es kann; und damit ich versichert seyn kann, will ich mich bedenken? Kann ich mit Antonio selbst sprechen?

Baſſ. Wenn ihr ihn hier mit mir erwarten, oder mit uns zu Mittag essen wollt.

Schyl. Ey ja, um Schweinfleisch zu riechen; von der Wohnung zu essen, in die euer Prophet den Teufel hineinbeschwor. Ich will mit euch kauffen, mit euch verkauffen, mit euch gehen, mit euch reden, und so weiter; aber ich will mit euch weder essen, noch trinken, noch beten. — Doch hier kömmt Antonio.

Sechster Auftritt.

Vorige. Antonio.

Baſſ. (geht ihm entgegen, und redet leise mit ihm.)
Schyl. (für sich.) Wie gleich sieht er einem falschen, liebkosenden Publikaner! Ich hasse ihn, weil er ein Christ ist; ich hasse ihn, weil er aus niederträchtiger Einfalt Geld ohne Zinsen ausleiht, und hier bey uns in Venedig die monathlichen Zinsen abbringt. Wenn ich ihn einmal bey der Hüfte

zu

zu packen kriegen kann, so will ich meinen alten Groll gegen ihn fett füttern. Er hasset unsre Nation; auf den öffentlichen Versammlungsplätzen der Kaufleute so gar hält er sich über mich, über mein Gewerbe und über meine wohlgewonnene Errungenschaft auf. Verflucht sey mein Stamm, wenn ich ihm verzeihe!

Baff. Schylock! hört ihr noch?

Schyl. Ich besinne mich bey mir selbst, wie hoch sich wohl meine dermalige Baarschaft belaufen möge; und so gut als ich sie aus freyem Gedächtniß überrechnen kann, kann ich die Summe von drey tausend Ducaten nicht zusammen bringen. Doch was hat das zu bedeuten? Tubal, ein reicher Hebräer von meinem Stamme, wird es mir vorschiessen; aber sachte, auf welche Zeit verlangt ihrs? — bleibt ruhig mein werther Herr — (zu Antonio.) Euer Hochedeln war der letzte Mann, von dem wir sprachen.

Ant. Schylock, ob ich gleich auf ein übermäßiges Interesse weder zu leihen, noch zu entlehnen pflege, so will ich, die Bedürfnisse meines Freundes zu unterstützen, eine Gewohnheit brechen — (zu Baff.) Er weis ja schon, wie viel ihr wollt?

Schyl. Ja, ja; drey tausend Ducaten.

Ant. Und auf eine so kurze Zeit.

Schyl. Das hatt' ich vergessen! Ja, ja; ihr sagtet mir das. Wohlan denn, eure Kaution — laßt mich sehen — aber hört ihr, mich deucht ihr sagtet, ihr leihet noch entlehnt niemals auf Interesse.

Ant. Es ist meine Gewohnheit nicht.

Schyl. Wie Jakob seines Oehm Labans Schaafen hütete — dieser Jakob war durch die kluge Veranstaltung seiner Mutter der dritte Erbe von unserm Vater Abraham — ja, er war der dritte —

Ant. Und was wollt ihr denn mit ihm? nahm er Interessen?

Schyl. Nein, er nahm keine Interessen; nicht, was man directe Interessen heissen möchte; merkt wohl was Jakob that. Wie Laban und er überein gekommen waren, daß alle gestreiften und gefleckten Lämmer, welche fallen würden, Jakobs Lohn seyn sollten, was that er da? wie die Schaafe im Herbste brünstig wurden, und zu den Widdern kehrten, da scheelte mir der schlaue Schäfer gewisse Stäbe, und während daß die Vermehrungshandlung zwischen diesen wollichten Buhlern vorgieng, legt er sie vor die empfangenden Schaafe, so daß sie, wie die Zeit kam zu werfen, lauter bunte Lämmer brachten, und diese waren Jakobs. Das war ein Weg zu gedeihen, und er ward gesegnet; und was einer vor sich bringen kann, ist ein Segen, wenn ers nicht stihlt.

Ant. Das war ein Einkommen, wofür Jakob diente; und eine Sache, die er nicht aus eigner Macht zu Stande bringen konnte, sondern die durch die Hand des Himmels so geleitet und bewerkstelliget wurde. Wird das erzählt, um den Interessen das Wort zu reden? oder sind eure Gold- und Silbermünzen Schaafe und Widder?

Schyl. Das kann ich nicht sagen; wenigstens mach ich sie so stark zügeln als jene. Aber hört mich an, mein Herr —

Ant. Merkt ihr das, Bassanio? der Teufel kann, wenn ers nöthig hat die Schrift citiren. Eine schlimme Seele, die sich auf eine heilige Zeugschaft beruft, ist wie ein Bandit mit einer lächelnden Wange; ein schöner Apfel, der um den Kern faul ist.

Schyl. Drey tausend Ducaten! es ist eine hübsche runde Zahl. Die Zeit — laßt sehen wieviel das Interesse davon beträgt?.

Ant.

Ant. Gut, Schylock, wollt ihr uns diese Gefälligkeit thun?

Schyl. Signor Antonio, ihr habt mich schon oft auf dem Rialto wegen meines Wuchers, wie ihr es nennt, aufgezogen. Ich hab es immer mit einem geduldigen Achselzücken gelitten; denn Leiden ist das allgemeine Kennzeichen unsers Volkes. Ihr nennt mich einen Ungläubigen, einen schindrischen Hund, und speyt auf meinen jüdischen Filzmantel; und das alles, weil ich mir zu Nutze mache, was mein eigen ist. Nun gut, itzt scheint es, ihr seyd meiner Hülfe benöthigt; wohlan denn! ihr kommt zu mir und sagt: Schylock, wir möchten gern Geld haben, das sagt ihr; ihr, die ihr euern Unrath in meinen Bart auswarfet, und mich mit Füssen stiesset, wie ihr einen fremden Hund von eurer Schwelle stoßt: Ihr verlangt Geld; was soll ich euch antworten? Sollt ich nicht sagen: Hat ein Hund Geld? Kann ein Hund drey tausend Ducaten ausleihen? — Oder soll ich mich tief zur Erde bücken, und wie ein Leibeigener mit kurzem Athem und murmelnder Demuth, so sprechen: Mein schöner Herr, ihr spiet mich verwichnen Montag an, ihr stießt mich an einem andern Tage mit Füssen, ein andermal nanntet ihr mich einen Hund; und für alle diese Höflichkeiten will ich euch desto mehr Geld leihen.

Ant. Ich habe gute Lust, dich wieder so zu nennen, dich wieder anzuspeyen, und dich wieder mit Füssen zu stossen. Wenn du mir dieses Geld leihen willst, so leih es nicht als einem Freund; denn wenn hat wohl je die Freundschaft von unfruchtbarem Metall Zinsen von einem Freunde genommen? sondern leih es lieber deinem Feinde; den du, wenn er nicht Wort hält, mit besserer Anständigkeit gerichtlich treiben kannst.

Schyl.

Schyl. Wie, seyd ihr böse? Ich will euer Freund seyn, und eure Liebe suchen; die Schmach vergessen, womit ihr mich besudelt habt, euern gegenwärtigen Bedürfniß abhelfen, und keinen Deut Interesse für mein Geld von euch nehmen, und ihr wollt mich nicht anhören? das Anerbieten ist doch leutselig.

Ant. Das wäre in der That Leutseligkeit.

Schyl. Und die will ich itzt ausüben. Kommt mit mir zu einem Notarius, und verschreibt mir eure einzelne Bürgschaft; und laßt zum Spaß beyfügen, daß wenn ihr an einem solchen Tag, an einem solchen Ort, eine solche Summe, wie in dem Instrument ausgesetzt seyn wird, mir nicht wieder heimzahlet, ich berechtigt seyn soll, gegen Verlust der Schuld ein volles Pfund von euerm schönen Fleisch, aus was für einem Theil eures Leibs es mir gefallen wird, herauszuschneiden und wegzunehmen.

Ant. Ich bin es zufrieden, auf meine Ehre; ich will diese Verschreibung unterzeichnen, und sagen, daß der Jud viel Leutseligkeit hat.

Baß. Ihr sollt keine solche Verschreibung für mich unterzeichnen; eher will ich ewig in meiner Noth stecken bleiben.

Ant. Wie, fürchtet nichts, Mann; ich will gewiß nicht in die Strafe fallen. Noch lange vorher, ehe dieser Vertrag zu Ende geht, erwart ich die Wiederkunft von zehnmal so viel als der Werth dieser Obligation beträgt.

Schyl. O Vater Abraham! was diese Christen für Leute sind! Ihr eignes hartes Bezeugen lehrt sie so argwöhnisch von andern denken. Ich bitte euch, sagt mir, wenn er nicht Tag halten könnte, was würde ich dabey gewinnen, wenn ich die verfallne Genugthuung einziehen wollte? Ein Pfund
Men=

Menschenfleisch ist für einen Menschen nicht so nützlich als ein Pfund Schaaf- Rind- oder Ziegenfleisch. Ich sag es noch einmal, um seine Gunst zu erkauffen, will ich meine Freundschaft zu weit ausdehnen; gefällt es ihm, gut; wo nicht, so lebt wohl, und vergeltet mir wenigstens, wenn ich bitten darf, meinen guten Willen nicht mit Bösem.

Ant. Ja, Schylock, ich will mich zu diesem Kontrakt verstehen.

Schyl. Ich gehe also zu einem Notarius, das Instrument auffsetzen zu laßen; alsdenn will ich gehen, die Ducaten ohne Verzug zusamen zubringen, und mit Geld und Schrift seht ihr mich morgen zum frühsten bey euch. —

Baff. Warum erst morgen? lieber diese Stunde noch! denn um eine einzige kann ich zu spat kommen.

Schyl. (zu Ant.) Seyd ihr auf den Abend zu Hause?

Ant. Ja wohl; wenn ich gleich etwas später bey Salanio erscheine —

Schyl. Seyd ihr bey Salanio? ich bin auch zu ihm geladen; gut das. Ich will also mit dem Gelde und der Obligation dahin kommen, wo ihr unter Lust und Freude diese unterschreiben, und dagegen jenes erhalten könnt. Lebt wohl. (ab.)

Siebenter Auftritt.

Antonio. Baffanio.

Ant. Geh nur, du leutseliger Jude; er fängt aber in der That an, milde zu werden.

Baff. Schöne Worte, und ein schelmisches Herz!

Ant. Es ist ja hier nichts zu besorgen; kommen vor dem Tage meine Schiffe nicht, so kommen doch meine Wechselbriefe ganz gewiß an.

Achter Auftritt.

Vorige. Gratiano. Lorenzo.

Baſſ. O meine Freunde!

Grat. Glücklich?

Baſſ. Vollkommen! Antonio that mehr, als die innigſte Freundſchaft je gethan hat.

Grat. Aber nun hab ich auch eine Bitte an euch.

Baſſ. Ihr habt ſie erhalten.

Grat. Ihr müßt es mir nicht abſchlagen; ich muß mit euch nach Belmont gehen.

Baſſ. Nun, ſo müßt ihr dann; aber höre, Gratiano, du biſt zu wild, zu rauh, und haſt eine zu lermende Stimme; Eigenſchaften, die dir wohl genug anſtehen, und in ſolchen Augen, wie die unſern keine Fehler ſind; aber wo man dich noch nicht genau kennt, dort, muß ich geſtehen, erwecken ſie kein geringes Vorurtheil gegen dich. Ich bitte dich alſo, nimm die Mühe, und miſch einige kalte Tropfen Beſcheidenheit unter deinen ſprudelnden Geiſt, oder dein wildes Betragen könnte leicht an dem Orte, wohin wir gehen, uns ſehr nachtheilig ſeyn, und beyder unſre Hoffnungen zu nichte machen.

Grat. Signor Baſſanio, hört mich. Wenn ich nicht in einer ehrbaren Kleidung erſcheine, mit Bedacht rede, und nur dann und wann ſchwöre, ein Bethbuch in meiner Taſche trage, die Augen niederſchlage, und unter dem Tiſchgebeth den Hut vor die Augen halte, und Amen ſage; kurz, wenn ich nicht alle die Gebräuche und Ceremonien der Wohlanſtändigkeit beobachte, die einer nur immer ausſtudiren kann, um durch ein feyerliches Bezeugen ſich bey ſeiner Großmutter in Gunſt zu ſetzen; ſo glaubt mir mein Tage nichts mehr.

Baſſ.

Baſſ. Gut, wir wollen ſehen, wie ihr euch dazu anſchicken werdet.

Grat. Ganz recht, aber den heutigen Abend ding ich aus; ihr müßt mich nicht nach dem beurtheilen, was wir heute Abends thun werden.

Baſſ. Das wär einfältig. Ich wollt euch vielmehr aufmuntern, eure Fröhlichkeit aufs äuſſerſte zu treiben; denn es wiſſen es doch alle, auf welches Glück wir beyde ausgehen.

Lor. Und mit welchem ich euch begleiten werde.

Baſſ. Nach Belmont?

Lor. Könnte ich mit Jeßica, die dieſen Abend auf immer die meinige wird, beſſer als dort verborgen ſeyn?

Ant. Das widerrathe ich euch nun ſchlechterdings. Wenn die ſcharfen Unterſuchungen, die auf Jeßicas Flucht gewiß folgen werden, wenn alle der gewöhnliche Lerm vorüber ſeyn wird, dann könnt ihr euern Freunden nachkommen; indeß, dächte ich, ſeyd ihr bey Salanio geborgen.

Baſſ. Wohl wahr; auch kann Jeßicas Entweichung nicht lange verborgen bleiben. Wir ſind eure bekannten Freunde, und daher am erſten dem Verdachte ausgeſetzt, daß wir um ihre Flucht wiſſen, und euch unterſtützen. Das könnte unſere Reiſe aufhalten. Ihr kommt alſo nach, ſo bald ihr ſicher könnt. Ich und Gratiano wollen itzt das übrige zu unſerer Reiſe beſorgen. Lebt alle wohl; auf den Abend wollen wir feyerlich Urlaub nehmen. (alle von verſchiedenen Seiten ab.)

Neunter Auftritt.

Schylock mit der Obligation. Gobbo.

Schyl. (küßt das Papier.) Vortreflich aufgesetzt! der vortheilhafteste Termin! wenn es nur auch schon unterschrieben wäre; aber das wird er, das wird er! dann soll meine Rache sich recht abkühlen — doch, wenn nur seine Schiffe sein lange ausbleiben — freylich, freylich kann ich die nicht ins Meer versenken; aber seine Wechselbriefe kann ich doch unterschlagen. — Und nun das Geld noch. (zu Gobbo.) Warte hier ein wenig, ich habe dir noch einen Auftrag zu thun, eh ich gehe. (ins Haus ab.)

Gobbo. Geh nur, du alter, filzichter Mauschel! Alle Augenblicke: Der Kerl ist ein großer Fresser, schneckenlangsam zur Arbeit, schläft den ganzen Tag mehr, als eine wilde Katze; schlafen und schnarchen, und Kleider zerreissen; ich brauche keine Hummeln in meinem Bienenkorbe — Warte nur; sie werden ihn bald verlassen haben. Der wird in seinen Bart hineinarbeiten, wenn seine lieben Juwelen, seine lieben Ducaten, sein liebes Töchterchen, und mit ihr sein lieber treuer Diener Lancelot Gobbo ausgeflogen seyn werden! Da kömmt er schon wieder.

Schyl. (aus dem Hause mit einem Geldsacke.) Nun höre, Gobbo. Ich bin zum Nachtessen eingeladen — aber warum geh ich denn? Man hat mich nicht aus Freundschaft geladen, sie schmeicheln mir nur; aber ich will aus Haß gehn, und die verschwendrischen Christen aufzehren helfen. Gieb auf Jeßica, und auf mein Haus acht. Ich gehe gar nicht gern; es brütet irgend ein

Un-

Unfall wider meine Ruhe, denn ich träumte die Nacht von Geldsäcken.

Gobbo. Ich bitte euch, geht. Man wartet euer mit Verlangen; ihr werdet recht lustig seyn. Ich weis, sie haben miteinander conspirirt, daß ihr einen Maskenball sehen sollt.

Schyl. So? wird es Masken geben? Höre, verriegle die Thüren, und wenn du die Trummel hörst, und das leichtfertige Gequäke der Pfeiffen, so lasse Jeßica nicht ans Fenster lauffen; sie soll den Kopf nicht in die öffentliche Strasse hinausstecken, diese christlichen Narren mit ihren gemalten Gesichtern anzugaffen, sondern verstopfe die Ohren meines Hauses, und laß den Schall der eitlen Narrentheidung nicht in meine sittsame Wohnung eindringen. Ich schwöre bey Jakobs-Stab, ich habe gar keine Lust diese Nacht ausser Hause zu seyn; aber ich will gehen, diese Narren zu ärgern. Geh nun ins Haus, Bursche; schliesse die Thüren nach dir ab, man kann nie zu vorsichtig seyn. (beyde ab.)

Zehnter Auftritt.

Ein Zimmer in Belmont.

Portia. Nerissa.

Port. Bey meiner Treue, Nerissa, meine kleine Person ist dieser grossen Welt ganz überdrüßig.

Ner. Ihr würdet es seyn, meine Freundinn, wenn ihr in eben solchem Uebermaaß elend wäret, als ihr glücklich seyd; aber ich sehe wohl, man kann von allzugroßem Ueberfluß eben so krank werden, als vom Hungern; deßwegen ist es gewiß keine mittelmäßige Glückseligkeit, sich im Mittelstande zu befinden. Ueberfluß kömmt schneller zu grauen Haaren, aber Genüge lebt länger.

Port. Hübsche Sprüche, und wohl ausgesprochen!

Ner. Sie würden noch hübscher seyn, wenn man ihnen hübsch folgte.

Port. Wenn Thun so leicht wäre, als Wissen was man thun sollte, so würden alle Kapellen Kirchen, und armer Leute Hütten Paläste seyn. Das ist ein guter Prediger, der seinen eignen Lehren folgt; ich will leichter zwanzig Leuten sagen, was gut zu thun wäre, als eine von den zwanzigen seyn, meinen eignen Vorschriften zu folgen. Das Hirn kann wohl Gesetze für das Blut ausfinden, aber ein warmes Temperament springt über ein kaltes Verbot; ein solcher Hase ist Unsinn, der Jüngling, daß er über das Netze der Ueberlegung, des Krüppels, wegsetzt. Allein alle diese Betrachtungen helfen mir nichts dazu, einen Gemahl zu wählen! — doch was sag ich, wählen? Ich kann weder wählen, wen ich wollte, noch abweisen, wer mir nicht anständig ist; so ist der Wille einer lebenden Tochter, die sich unter den Willen eines todten Vaters beugt. Ist es nicht hart, Nerissa, daß ich keinen weder wählen, noch abweisen kann?

Ner. Euer Vater war immer tugendhaft, und heilige Leute haben bey ihrem Tode gute Eingebungen. Ich zweifle also keinen Augenblick, daß in der Lotterie, die er in diese drey Kästchen von Gold, Silber und Bley eingetheilt hat, und wovon derjenige, der nach seiner Absicht wählt, eure Person gewählt hat, keiner das beste davon tragen wird, als derjenige, der euch am besten gefallen wird.

Port. Ich bitte dich, nenne mir sie nacheinander; und so wie du sie nennst, will ich ihre Karaktere machen, und nach ihrem Karakter meine Neigung zu ihnen abwägen. Ner.

Ner. Erstlich, ist hier der Neapolitanische Prinz.

Port. Gut, der ist ein Pinsel, in der That; denn er spricht von nichts als von seinem Pferde, und macht es zu einem großen Zusatz seiner Verdienste, daß er es selbst beschlagen kann.

Ner. Hernach ist hier der Pfalzgraf — —

Port. Der thut nichts als die Stirne rümpfen, als ob er sagen wollte: Wenn ihr mich nicht haben wollt, so laßts bleiben; er hört kurzweilige Histörchen, und lächelt nicht; ich fürchte, er wird der weinende Philosoph werden, wenn er alt seyn wird, da er in seiner Jugend so voller ungesitteter Schwermuth ist. Ich wollte lieber an einen Todtenkopf mit einem Knochen im Maul verheurathet seyn, als an einen von diesen beyden. Gott behüte mich vor diesen zwey Gesichtern!

Ner. Was sagt ihr zu dem französischen Cavalier, Monsieur le Boun?

Port. Ernstlich zu reden, ich weis, es ist eine Sünde über seinen Nebenmenschen zu spotten; aber er — nun dann — er hat ein besseres Pferd als der Neapolitaner, er rümpft die Stirne mit einer bessern Art als der Pfalzgraf, er ist Jedermann in der Person Niemands; wenn nur eine Drossel singt, so fängt er gleich an Kapriolen zu schneiden, und wenn er einen Anstoß von Tapferkeit hat, so ficht er dir mit seinem eignen Schatten; wenn ich ihn heurathete, würde ich zwanzig Männer nehmen. Ich wollt es ihm verzeihen, wenn er mich verachtete, denn wenn er mich auch bis zum Wahnwitz liebte, so würd ichs ihm gewiß nicht wette machen.

Ner. Und was sagt ihr zu dem jungen Milord Faulconbridge aus England?

Port. Ihr wißt, zu dem kann ich nichts sagen, denn er versteht mich nicht, und ich ihn nicht; er kann

kann weder Latein, noch französisch noch italiä:
nisch, und ihr dürftet vor dem Gerichtshof für mich
schwören, daß ich kaum für einen armen Pfenning
Englisch verstehe. Er ist ein hübsches Gemählde
von einem Mann; aber ach! wer kann mit ei:
nem Schattenbild Conversation halten? Und wie
poßirlich ist er gekleidet? Ich denke, er kaufte sei:
nen Kragen in Italien, sein Wams in Frank:
reich, seinen Hut in Deutschland, und seine Ma:
nieren allenthalben.

Ner. Was denkt ihr von dem schottischen Ca:
valier, seinem Nachbar?

Port. Daß er ein recht guter Narr von einem
Nachbar ist, denn er borgte eine Ohrfeige von dem
Engländer, und schwur, er wollt ihn wieder be:
zahlen, wenn er bey Kräften wäre; ich denke der
Franzos wurde Bürge für ihn, und druckte sein
Pettschaft in des andern Namen drauf.

Ner. Wie gefällt euch denn aber der junge
Deutsche?

Port. Sehr schlecht des Morgens, wenn er
nüchtern ist; und noch schlechter Nachmittags,
wenn er sich betrunken hat. Wenn er am besten
ist, ist er ein wenig schlimmer als ein Mensch,
und wenn er am schlimmsten ist, wenig besser als
ein Vieh. Es mag auch so arg ausfallen als will,
so hoffe ich doch, daß ich seiner los werden will.

Ner. Wenn er sich zur Wahl erböte, und wähl:
te zum Unglück das rechte Kästchen, so würdet ihr
ja euers Vaters letztem Willen ungehorsam, wenn
ihr euch weigern würdet ihn anzunehmen.

Port. Damit nun das Aergste nicht begegnen
kann, so bitt ich euch, setzt ein tiefes Glas voll
Rheinwein auf das unrechte Kästchen; denn wenn
der Teufel drinnen ist, und diese Versuchung von
aussen, so bin ich gewiß, er wird es wählen. Ich

will

will alles wagen, Nerissa, eh ich an einen Schwam verheurathet seyn will.

Ner. Ihr dürft nicht besorgen, daß ihr einen von diesen Herren werdet haben müssen; sie haben mir ihre Willensmeynung eröfnet, die in der That darinn besteht, wieder heimzugehen, und euch nicht länger mit ihrer Bewerbung zu beunruhigen, es wäre dann, daß ihr auf eine andere Art als auf eures Vaters Bedingniß, die von den Kästchen abhängt, gewonnen werden könntet.

Port. Wenn ich so alt werde, als die Sybille, so will ich so keusch sterben als Diana, eh ich auf eine andre Art als nach meines Vaters Willen erlangt werden sollte. Es freut mich, daß dieses Häufchen Freyer so vernünftig ist; es ist nicht einer unter ihnen, nach dessen Abwesenheit ich nicht schmachte, und dem ich nicht von Herzen eine glückliche Reise wünsche.

Ner. Erinnert ihr euch denn aber nicht von euers Vaters Zeiten her an einen Venetianer, einen Gelehrten und Soldaten, der in der Gesellschaft des Markgrafen von Montferat hieher kam?

Port. Ja, ja, es war Bassanio; ich denke, so hieß er.

Ner. Ihr erinnert euchs recht; unter allen Männern, auf die meine närrischen Augen jemals geguft haben, war er derjenige, der mir am meisten einer schönen Frau werth schien.

Port. Ich erinnere mich seiner wohl, und ich glaube, er verdient dein Lob —

Eilfter Auftritt.

Vorige. Ein Bedienter.

Port. Doch, was giebts neues?

Bed. Die vier Ausländer fragen nach Euer Gnaden, um sich zu beurlauben.

Port.

Port. Sie sollen sich bis Nachmittag gedulden.
Bed. Auch ist ein Vorbote von einem fünften, dem Prinzen Morochius, angekommen, der die Nachricht bringt, daß der Prinz sein Herr — beym Blitz! da ist er schon selbst. (ab.)

Zwölfter Auftritt.

Vorige. Morochius, ein schwarzgelber Mohr, ganz weiß gekleidet, mit Gefolge.

Mor. Fasset keinen Widerwillen gegen mich wegen meiner Farbe, der dunkeln Liverey der brennenden Sonne, von der ich ein näherer Nachbar bin. Laßt mir den schönsten unter allen herbey kommen, die nordwärts gebohren sind, wo Phöbi Feuer kaum die Eiszapfen aufthaut, und laßt ihm und mir unsrer Geliebten zu Ehren eine Incision machen, um zu sehen, wessen Blut röther ist, seines oder meines. Ich sage dir, Fräulein, dieses Gesicht hat dem Tapfern Furcht eingejagt, und ich schwör es bey meiner Liebe, die schönsten Jungfrauen unsers Himmelstrichs haben es geliebt: Ich wollte diese Farbe nicht vertauschen, es wäre dann eure Neigung zu erschleichen, meine reizende Königinn!

Port. Meine Wahl würde dem ekeln Urtheil der Augen eines Mädchens nicht allein überlassen werden, wenn ich auch nicht durch ein seltsames Schicksal das Recht einer freywilligen Wahl verloren hätte. Allein mein Vater hat mich, vielleicht aus einer geheimen Vorwissenschaft, gebunden, mich demjenigen zur Gemahlinn zu geben, der mich durch das bereits bekannte Mittel ge-
win-

winnen würde; und hätt ers auch nicht gethan, so würdet ihr doch, berühmter Prinz, in Absicht meiner Neigung keinen Nachtheil gegen irgend einen andern haben, den ich noch gesehen habe.

Mor. Eben dieses ists, wofür ich euch danke. Ich bitte also, führet mich zu den Kästchen, ich will mein Glück versuchen. Bey diesem Säbel, der den Sophi und einen Persischen Prinzen schlug, und dem Sultan Soliman drey Siege abgewann, ich wollte die grimmigsten Augen überblitzen, das kühnste Herz auf der Welt übertrotzen, die säugenden Jungen von den Zizen der Bärin wegreissen, und selbst des Löwen spotten, wenn er hungrig nach Raub brüllt, um dich zu gewinnen, Fräulein. Aber, ach! wenn Herkules und Lichas mit Würfeln ausmachen, wer der bessere Mann sey; kann nicht der grössere Wurf aus der schwächern Hand fallen, und Alcides von seinem Knaben übermannet werden? und so kann ich, von dem blinden Glücke misleitet, verlieren, was ein Unwürdigerer gewinnen mag, und nichts übrig haben, als vor Gram zu sterben.

Por. Ihr müßt euch auf allen Fall vorher gefaßt machen, und euch entweder entschliessen gar nicht zu wählen, oder vorher schwören, wofern ihr unglücklich wählen solltet, euch um keine Jungfrau mehr zu bewerben, so lang ihr lebet; bedenket euch also.

Mor. Auch will ich nicht; führt mich also zu meinem Glück oder Unglück.

Port. Zuerst mit den andern in den Tempel; denn mögt ihr mit ihnen euern Versuch wagen.

Mor. So sey es dann dem Glücke anheim gestellt, mich zum glücklichsten oder verworfensten unter den Menschen zu machen. (mit Gefolge ab.)

Dreyzehnter Auftritt.

Vorige. Ein Bedienter.

Bed. Gnädiges Fräulein, es ist ein junger Venetianer vor euerm Thor abgestiegen, der voraus kömmt, die Ankunft seines Herrn anzukündigen, von welchem er sehr nachdrückliche Complimente an Euer Gnaden überbringt; und was das vornehmste ist, ausser sehr höflichen Worten, noch sehr kostbare Geschenke, ich habe noch nie einen gesehen, der einem Liebesabgesandten so gleich sieht.

Port. Nichts mehr, ich bitte dich. Komm Nerissa, wir müssen doch selbst sehen, was Cupidos Postillon für eine Mine hat.

Ner. Laß es Bassanio seyn, Herr Amor, wenn es dein guter Wille ist! (alle ab.)

Zweyter

Zweyter Aufzug.

Erster Auftritt.
Gasse.
Lorenzo. Gobbo.

Lor. Nun, mein treuer Gobbo, sie ist itzt vollkommen in Sicherheit. — Man hat mich doch nicht vermißt? wider mich ist kein Verdacht? Sag doch, erzähle mir, was ich noch nicht weis.

Gob. Der nichtswürdige Jude schrie so lange, bis der Herzog selbst sich unterzog, Bassanios Schiff durchsuchen zu lassen. Aber er kam zu spat, das Schiff war unter Seegel. Und bey dieser Gelegenheit steckte man dem Herzog die heimliche, aber falsche Nachricht, man habe Signor Leonardo und des Juden Tochter in einer Gondel beysammen gesehen.

Lor. Freylich wird der Jude schrecklich gelärmt haben.

Gob. Eine so verwirrte, so seltsame, so unbändige und so veränderliche Leidenschaft hört ich in meinem Leben nicht, als wie der jüdische Hund auf öffentlicher Strasse ausstieß. Meine Tochter! meine Ducaten! O meine Tochter, mit einem Christen durchgegangen! Und der Erzspitzbube von einem Bedienten auch mit fort! O meine christlichen Ducaten! Ein versiegelter Sack, zwey versiegelte Säcke mit Ducaten, mit doppelten Ducaten, von meiner eignen Tochter gestohlen! Und Juwelen dazu, Steine, kostbare Steine, von meiner Tochter gestohlen! Justiz! Justiz! Sucht das Mensch, sie hat die Steine bey sich und die Ducaten! Sucht den Schlingel Lanzelot Gobbo, und hängt ihn auf.

Lor. Und weiſt du, daß er ſeinen Freund Tubal nachgeſchickt? Er erwartet ihn von Genua, weil nach dem, wie wir es angelegt haben, ſie ganz gewiß glauben, daß Jeßica mit Leonardo ihre Durchreiſe durch Genua genommen haben. Aber es iſt vorgebaut, dem Tubal wird ſo mancherley aufgeheftet werden, das Schylock in ſeiner Vermuthung beſtärken wird, indeß ich meine Geliebte ganz ſicher an einem Orte verborgen halte, an den niemand denkt. Der Jude wird ſie nimmermehr ausforſchen; aber gewiß wird der Verluſt ſeiner Tochter und des Reichthums ihn noch mehr wider die Chriſten aufbringen, ſeinen Haß wider ſe vermehren, und der ehrliche Antonio mag wohl zuſehen, daß er ihm Tag halten könne, oder er wird auch für dieß ſchwer bezahlen müſſen.

Gob. Ja wohl. Geſtern hörte ich einen Franzoſen ſagen, daß ein reichbeladenes Venetianiſches Schiff in dem Canal, der Frankreich von England ſcheidet, unglücklich geweſen ſey; ich dachte gleich an Antonio, wie ich das hörte, und wünſchte bey mir ſelbſt, daß es nicht das ſeinige ſeyn möchte.

Lor. Das wäre ſchrecklich! Ich muß mit Schylock zu reden ſuchen.

Gob. Ums Himmels willen, gnädiger Herr! bedenkt ihr auch, welcher Gefahr ihr euch ausſetzet?

Lor. Keiner. Wider mich iſt kein Verdacht, der Jude kennt mich nicht anders, als einen unbedeutenden Bekannten von Antonio und ſeinen Freunden, und hat mich in ſeinem Hauſe nicht einmal zu ſehen bekommen. Ich kann es alſo ohne alle Beſorgniß wagen, mich ihm zu zeigen, und ihn zu ſprechen, um von ihm noch andere den Antonio betreffende Neuigkeiten, und ſeine Geſinnungen gegen denſelben zu erfahren; damit ich dieſen rechtſchaffenen Mann bey Zeiten davon unterrerrichten, und im Nothfalle unsere Freunde in Belmont zur Hülfe hohlen könne. Denn auf dem Rialto geht die Rede, daß dem Antonio ein Schiff mit einer reichen Ladung in der engen See gescheitert sey; Godwins, denk ich, nennen sie den Ort, eine sehr gefährliche Syrte, wo die Gerippe von manchem hübschen Schiffe begraben liegen. Ich muß also mit Schylock selbst reden, um zu wissen in wie fern diese Nachrichten gegründet sind. Doch hier kömmt er, wie gerufen; begieb dich eilends hinweg. (Gobbo ab.)

Zweyter Auftritt.

Lorenzo. Schylock.

Lor. Wie gehts, Schylock? was giebt es neues unter den Kaufleuten?

Schyl. Ey, ihr werdet gewiß nicht um meiner Tochter Flucht wissen?

Lor. Und wußte Schylock nicht, daß der Vogel angefangen hatte, Federn zu bekommen, und daß es alsdann ihrer aller Gebrauch ist, von der Mutter wegzufliegen?

Schyl. Sie ist verdammt dafür!

Lor. Das ist eine ausgemachte Sache, wofern der Teufel ihr Richter ist.

Schyl. Mein eigen Fleisch und Blut soll sich wider mich empören!

Lor. Pfui! schämt euch, altes Rabenaas, in euern Jahren sich empören!

Schyl. Ich sage, meine Tochter ist mein Fleisch und Blut.

Lor. Es ist ein grösserer Unterschied zwischen deinem Fleisch und dem ihrigen, als zwischen Agtstein und Elfenbein; und ein grösserer zwischen euer
bey=

beyder Blut, als zwischen rothen Wein und Rheinwein. Aber sagt mir, hört ihr nichts, ob Antonio einen Verlust auf dem Meer erlitten hat, oder nicht?

Schyl. Das ist wieder ein andrer schlimmer Handel, den ich auf dem Halse habe. Ein Thor, der um eines Verschwenders willen Bankrutt wird, der kaum mehr sein Gesicht auf dem Rialto sehen lassen darf; ein Bettler, der so schmuk und aufgeputzt auf den Markt zu kommen pflegte. Er mag zu seiner Verschreibung sehen! Er war gewohnt aus christlicher Gefälligkeit Geld auszuleihen; er mag zu seiner Verschreibung sehen.

Lor. Wie? ich hoffe doch nicht, daß du sein Fleisch nehmen wirst, wenn er nicht bezahlen kann; wozu könntest dus brauchen?

Schyl. Fische damit zu angeln. Wenn ich sonst nichts damit füttern kann, so soll es meine Rache füttern. Er hat mir Schaden gethan, mich an mehr als einer halben Million gehindert, zu meinem Verlust noch gelacht, sich über meinen Gewinn aufgehalten, meine Nation geschmäht, meine Waaren verkleinert, meine Freunde abgekühlt, meine Feinde erhitzt; und warum dieß alles? weil ich ein Jude bin. Hat ein Jude keine Augen? hat ein Jude keine Hände, Gliedmaaßen, Sinne, Bedürfnisse, Leidenschaften? braucht er nicht eben dieselbe Nahrung? wird er nicht mit den nämlichen Waffen verwundet? ist er nicht den nämlichen Krankheiten unterworfen? wird er nicht durch die nämlichen Arzneyen geheilt? wird er nicht von dem nämlichen Sommer erwärmt oder gekühlt, wie ein Christ? Wenn ihr uns stecht, bluten wir nicht? Lachen wir nicht, wenn ihr uns kitzelt? Sterben wir nicht, wenn ihr uns vergiftet? Und wenn ihr uns mishandelt, sollen
wir

wir nicht Rache suchen? Sind wir euch in allem übrigen gleich, so wollen wirs auch in diesem seyn. Wenn ein Jude einen Christen beleidigt, was ist seine Demuth? Rache. Wenn ein Christ einen Juden beleidigt, was soll seine Geduld nach dem Beyspiele des Christen seyn? Rache. Ich will die Bosheit ausüben, die ihr mich lehrt, und es müßte übel gehen, wenn ich meine Lehrmeister nicht übertreffen sollte! — — Doch wer kömmt? O, mein Freund, Tubal! (er geht dem Tubal entgegen.)

Lor. (bey Seite.) Hu! sein Kundschafter. Das muß ich noch abwarten.

Dritter Auftritt.

Vorige. Tubal.

Schyl. Willkommen, Tubal, willkommen! Nun, wie gehts? was bringst du uns neues von Genua? hast du meine Tochter gefunden?

Tub. Ich kam an viele Orte, wo ich von ihr hörte, aber ich kann sie nicht finden.

Schyl. Wie? nicht finden? ein Diamant hin, der mich zu Frankfurt zwey tausend Ducaten kostete! der Fluch kam nie über unser Volk als itzt, ich fühlt ihn noch nie, als itzt; zwey tausend Ducaten in einem einzigen Stein, und andre kostbare, kostbare Juwelen! Ich wollte, meine Tochter läge todt zu meinen Füssen, und hätte die Juwelen in ihren Ohren; o! ich wollte sie läg in der Baare zu meinen Füssen, und hätte die Ducaten in ihrem Sarg! Keine Nachricht von ihnen? O! weh mir! Und wer weis, wie viel über dem Suchen aufgegangen ist? O

Verlust über Verlust! Der Dieb mit so vielem durchgegangen, und so viel aufgewandt, den Dieb zu suchen! Und doch keine Entschädigung, keine Rache, kein Unglück, als was über meine Schultern blitzt; keine Seufzer, als wozu ich den Athem hergebe; keine Thränen, als die ich vergieße.

Tub. Ey, andre Leute haben auch Unglück; dem Antonio, wie ich zu Genua hörte —

Schyl. Was, was, was? Unglück, Unglück?

Tub. Ist ein Schiff zu Grunde gegangen, das von Tripoli kam.

Schyl. Gott sey Dank, Gott sey Dank! Ist es auch gewiß? Ist es gewiß?

Tub. Ich sprach mit einigen Matrosen, die aus dem Schiffbruch gerettet worden.

Schyl. Ich danke dir, guter Tubal. Gute Zeitungen, gute Zeitungen, ha, ha, ha, — — wo war das? In Genua?

Tub. Eure Tochter verthat zu Genua achzig Ducaten in einer Nacht.

Schyl. Du langst mir mit einem Dolch ins Herz; ich soll mein Gold nimmer wieder sehen! Achzig Ducaten auf einen Sitz! achzig Ducaten!

Tub. Es kamen einige von Antonios Gläubigern mit mir nach Venedig, welche schwören, daß er nothwendig falliren müsse.

Schyl. Das freut mich; ich will ihn quälen, ich will ihn martern, das freut mich!

Tub. Einer unter ihnen zeigte mir einen Ring, den er von eurer Tochter für einen Affen bekommen haben soll.

Schyl. Daß sie die Pest ersticke! du marterst mich, Tubal; es war ein Türkiß, ich hatt' ihn von Lea, wie ich noch ein Junggeselle war; ich hätt ihn nicht für eine ganze Wildniß voll Affen gegeben.

Tub.

Tub. Aber Antonio ist unfehlbar verloren.
Schyl. Nun, das ist wahr, das ist wahr. Geh bestell mir einen Advocaten, bestell ihn mir gleich itzt schon. Ich will sein Herz haben, wenn er nicht beyhält; denn wenn er nicht mehr in Venedig ist, so kann ich alle Geschäfte machen, die ich nur will. Und er kann nicht beyhalten; denn auch alle seine angehofften Wechsel bleiben aus, (bey Seite) und, Dank sey es meiner Vorsorge! sie sollen nimmermehr ans Tagslicht kommen. Geh, geh, Tubal, und wart in der Synagog auf mich, geh guter Tubal; in unsrer Synagoge, Tubal. (mit Tubal ab.)

Lor. Gott! was hab ich alles erfahren. Armer Freund! — Ich muß ihn sogleich aufsuchen, und dann unverzüglich um Hülfe zu unsern Freunden nach Belmont eilen. (ab.)

Vierter Auftritt.

Ein prächtiger Saal in Belmont.

Im Prospekt sind Vorhänge, hinter denselben steht in der Mitte ein Tisch, worauf drey Kästchen, eines von Gold, eines von Silber, und eines von Bley mit Ueberschriften stehen.

Portia, und ihre Bedienung. Nerissa. Bald darauf Morochius mit seinem Gefolge.

Trompeten und Pauken.

Ner. Höret das Zeichen. Eure Liebhaber haben den Eid abgelegt, und erscheinen zur Wahl.

Port. Einer nach dem andern! (Ein Bedienter geht ab, und führt den Morochius ein; unter Trompetenschall macht er eine tiefe Verbeugung.)

Port.

Port. Zieht die Vorhänge auf, und entdeckt diesem edlen Prinzen die verschiednen Kästchen. (die Vorhänge werden aufgezogen.) Nun wählet.

Mor. Das erste von Gold, mit der Ueberschrift: Wer mich erkiest, gewinnt was manche wünschen. Das andre von Silber, mit der Aufschrift: Wer mich erkiest, gewinnt was er verdient. Dieses dritte, schlechtes Bley, mit der eben so plumpen Warnung: Wer mich erkiest, wag alles was er hat. — Wie kann ich nun wissen, ob ich das rechte wähle?

Port. Eines davon, Prinz, enthält mein Bildniß; wählt ihr das, so bin ich euer.

Mor. Die Götter leiten mein Urtheil! Laßt sehen, ich will die Aufschriften noch einmal überlesen. Was sagt dieses bleyerne Kästchen? Wer mich erkiest, wag alles was er hat. Wag alles — Wofür? für Bley? für Bley alles wagen? dieses Kästchen dräut. Wer alles wagt, thut es in Hoffnung großer Vortheile; ein goldenes Gemüth bückt sich nicht, um Schlacken aufzuheben, und also wag ich nichts für Bley. — Was sagt denn das Silber mit seiner jungfräulichen Farbe? Wer mich erkiest, gewinnt, was er verdient. Was er verdient? Halt hier ein, Morochius, und überlege diese Worte etwas genauer! Wenn du dich nach deiner eignen Schätzung abwiegst, so verdienst du genug, und doch könnte Genug sich nicht bis auf dieses Fräulein erstrecken. Auf der andern Seite wäre Mißtrauen in meinen Werth nur eine niederträchtige Verkleinerung meiner selbst. So viel als ich verdiene — wie? das ist das Fräulein: Ich verdiene sie durch meine Geburt, durch meine Gaben, und die Eigenschaften einer edlen Erziehung, und mehr als durch alles dieses, verdien ich sie durch meine Liebe. Doch laßt

laßt noch einmal sehen, was hier in Gold gegraben ist: Wer mich erkiest, gewinnt was manche wünschen. Wie? das ist das Fräulein, alle Welt wünscht sie; von den vier Enden der Erde kommen sie, den Fußboden dieser sterblichen Göttinn zu küssen. Nichts ist vermögend, den verlangenden Fremden Einhalt zu thun, die schöne Portia zu sehen. — Eines von diesen dreyen enthält ihr himmlisches Bildniß. Ists wahrscheinlich, daß Bley es enthalten sollte? Es wäre der Verdammniß werth, einen so niedrigen Gedanken zu denken. Oder soll ich denken, sie sey in Silber eingemaurt, welches an Werth zehnmal geringer als Gold ist? O verbrecherischer Gedanke! niemals wird ein so kostbarer Juwel in etwas geringers, als Gold gefaßt. — Gebt mir den Schlüssel, dieses hier wähl ich, es mag ausfallen, wie es will.

Port. (indem sie das goldne Kästchen aufschließt) Hier nehmt es, Prinz, und wenn mein Bild darinn ist, so bin ich die eurige.

Mor. O Hölle! was find ich hier? Ein Todengerippe, in dessen hohlen Augen ein Zettel steckt. Ich will ihn lesen:

> Es ist nicht alles Gold was gleißt,
> Wie ein bekanntes Sprichwort weißt.
> Von meinem Flitterglanz betrogen
> Gab mancher schon sein Leben hin.
> Oft ist ein Holz mit Gold umzogen,
> Und dennoch stecken Würmer drinn.
> Wärt ihr so klug als jung und kühn,
> Ihr hättet glücklicher gewählet;
> Nun habt ihr euer Ziel verfehlet,
> Gehabt euch wohl, und fahret hin!

Verfehlt, in der That, und alles verloren. So fahre dann hin Hitze, und willkommen Frost.

Port.

Port. Adieu! Ich bin zu bestürzt, einen langweiligen Abschied zu nehmen; so scheidet, wer verloren hat.

Mor. (Mit seinem Gefolge langsam ab.)

Port. Eine artige Abfertigung! So mögen mich alle wählen, die ihm gleichen.

Fünfter Auftritt.

Portia. Nerissa. Prinz von Arragon wird von einem Bedienten mit seinem Gefolge unter Trompetenschall eingeführt.

Arrag. Ich bin durch einen Eid zu drey Bedingnissen verbunden. Erstlich, keinem andern zu sagen, was für ein Kästchen ich gewählt habe; hernach, wofern ich das rechte verfehle, in meinem ganzen Leben keine Jungfrau zu freyen; und drittens, euch unmittelbar zu verlassen und meinen Weg zu ziehen.

Port. Auf diese drey Stücke muß ein jeder schwören, der hieherkommt, es um meine unwürdige Person zu wagen.

Arrag. Dieß ist mein Vorsatz. Begünstige, o Glück, die Hoffnung meines Herzens! — Gold, Silber und Bley. — Wer mich erkiest, wag alles, was er hat — du müßtest schöner aussehen, eh ich etwas um dich wagte. — Was sagt das goldne Kästchen? Wer mich erkiest, gewinnt was manche wünschen. Was manche wünschen? das kann auf die thörichte Menge zielen, die nach dem Schein wählen, und nichts mehr lernen, als das bethörte Auge sie lehrt. Zu dir also, du silberne Schatzkammer — Wer mich erkiest, gewinnt was er verdient — Und wohl gesagt, in
der

der That; denn wer darf sich vermessen, das Glück zu hintergehen, und sich um Ehre zu bewerben ohne dem Stempel des Verdienstes? Laßt niemand sich einbilden, daß er einer unverdienten Würde gewachsen seyn werde. Ich will es also mit dem Verdienst halten; gebt mir den Schlüssel zu diesem, und schliesset mir hier augenblicklich mein Glück oder Unglück auf.

Port. Was ihr da finden werdet, verdient keine so lange Vorrede. (sie schließt das silb. Kästchen auf.)

Arrag. Was ist hier? Das Bild eines blinzenden Thoren, der mir einen Zettel darbeut. Wie ungleich siehst du der schönen Portia! wie ungleich meinen Hoffnungen und Verdiensten! Verdient ich nichts bessers, als einen Narrenkopf? Ist das mein Werth? verdien ich nichts bessers? Ich will lesen:

Dies gieng durchs Feuer siebenmal,
Und dessen Witz, den seine Wahl
Nie trügen soll, muß wohl so rein
Und lauter, als dies Silber seyn.
Bey denen, die in Schellenkappen gehn,
Sind auch versilberte zu sehn.
Mit welcher Frau ihr mögt zur Trauung gehn,
Werd ich doch stets auf euern Schultern stehn;
Und hiemit könnt ihr weiter gehn.

Ein schönes, herrliches Loos! doch —
Durch Zögern, Murren, Klagen, Weinen,
Würd ich nur närrischer erscheinen;
Mit einem Narrenkopf versucht ich hier mein Glück,
Und ziehe nun mit zween zurück. (mit seinem Gefolge ab.)

C   Port.

Port. Es hat sich die Motte am Licht versengt⸗
O diese wohlbedächtigen Narren! wenn sie wäh⸗
len, so haben sie gerade den Witz, den sie nöthig
haben, um übel zu wählen.

Sechster Auftritt.

Portia. Nerissa. Bassanio und Gratiano
werden von einem Bedienten mit ihrem
Gefolge unter Trompetenschall eingeführt.

Port. Ich bitte euch, laßt es noch anstehen;
wartet noch einige Tage, eh ihr es waget; denn
wenn ihr unrecht wählt, so verliehr ich eure Ge⸗
sellschaft; geduldet euch also noch. Es ist etwas
in mir, was mir sagt — aber es ist nicht Lie⸗
be — ich wollt euch nicht gerne verlieren; nehmt
es als einen Rath an, der nicht zu verachten ist.
Allein aus Furcht, ihr möchtet mich nicht recht
verstehn, — und doch soll ein Mädchen keine
Zunge für seine Gedanken haben — möcht ich
euch gern noch einige Zeit zurückhalten, eh ihr es
für mich waget. Ich könnt euch sagen, wie ihr
mich gewiß wählen könntet; aber denn hätte ich
meinen Eid gebrochen, und das will ich nicht;
Ihr könnt mich also verfehlen, und wenn ihr es
thut, so macht ihr mich eine Sünde wünschen.
Weh euern Augen! Sie haben mich mit einem
Blick getheilt; eine Hälfte von mir ist euer, und
die andre Hälfte ist euer, — ist mein, wollt ich
sagen; doch wenn sie mein ist, so ist sie euer,
und so ist alles euer. — Ich schwatze zuviel,
aber es geschieht, die Zeit aufzuhalten, und in die
Länge zu ziehen; ich kann eure Wahl nicht lan⸗
ge genug aufhalten.

Bass.

Baſſ. Laßt mich wählen, theuerſtes Fräulein; so wie ich bin, lieg ich auf der Folter.

Port. Auf der Folter, Baſſanio? So bekennet dann, was für eine Verrätherey mit eurer Liebe vermengt iſt.

Baſſ. Keine als dieſe häßliche Verrätherey des Zweifels, die mich fürchten macht, daß ich meine Liebe nicht genieſſen werde. Eher könnte zwiſchen Feuer und Schnee Freundſchaft ſeyn, als zwiſchen Verrätherey und meiner Liebe.

Port. Gut; aber ich fürchte, ihr redet auf der Folter, wo die Leute oft aus Zwang reden, was ſie nicht denken.

Baſſ. Verſprecht mir das Leben, ſo will ich die Wahrheit bekennen.

Port. Wohlan denn, bekennt und lebet!

Baſſ. Das Bekenntniß meiner Liebe iſt alles, was ich bekennen kann. O glückſelige Folter, wo mein Peiniger mich ſelbſt lehrt, was ich zu meiner Befreyung antworten ſoll! Aber laßt mich zu den Käſtchen und zu meinem Schickſal.

Port. So wählt dann. Ich bin in eines derſelben eingeſchloſſen; wenn ihr mich liebt, ſo werdet ihr mich finden. Neriſſa, und ihr übrigen, ſteht alle von ferne; laßt Muſik ertönen, während daß er ſich bedenkt, damit er, wenn er unglücklich wählt, doch ein ſchwanengleiches Ende nehme. Um die Vergleichung richtiger zu machen, ſollen meine Thränen der Strom, und meine Augen ſein wäſſernes Todbette ſeyn. Aber gewinnt er, was iſt dann die Muſik? dann iſt ſie das Freudengetön, unter welchem getreue Unterthanen ſich vor ihrem neugekrönten Monarchen bücken; lieblich wie die ſüſſen Töne, die bey des Morgens Anbruch in des träumenden Bräutigams Ohr ſich ſchleichen, und ihn zu ſeinem Hochzeittag auffordern.

dern. — Geht, mit ſtark klopfendem Herzen ſeh ich eurer Wahl zu. (Man hört eine ſanfte Muſik, während daß Baſſ. die Käſtchen betrachtet und ſich bedenkt.)

Baſſ. Der äuſſerliche Schein iſt oft das geringſte an einer Sache. Die Welt läßt ſich immer durch Schimmer und Putz betrügen. Sehet die Schönheit an, und ihr werdet ein natürliches Wunder finden, das ſie wirkt, indem ſie diejenigen am leichteſten macht, die am ſchwerſten mit ihr beladen ſind. Und wie oft findet ſich, daß dieſe krauſen ſchneckengleichen goldnen Locken, die auf Rechnung ihrer vermeynten Schönheit ſo muthwillige Spiele mit dem Winde treiben, die Verlaſſenſchaft eines andern Kopfs ſind, und der Schädel in einem Grabe liegt, der ſie nährte. So iſt dann äuſſrer Schmuck nichts als das betrügliche Ufer einer höchſt gefährlichen See, der eine Indianiſche Schönheit verhüllt; mit einem Wort, die ſcheinende Wahrheit, worinn die liſtige Gelegenheit ſich verkleidet, um die Weiſeſten zu berücken. — So fahre dann hin, du flinkerndes Gold, du harte Speiſe des Midas, ich verlange deiner nicht; noch deiner, du blaſſer und gemeiner Beyläuffer zwiſchen Menſchen und Menſchen; — du aber, du magres Bley, ſo eher droheſt als etwas verſprichſt, deine Einfalt rührt mich mehr als Beredſamkeit, und hier wähl ich dich; der Erfolg möge glücklich ſeyn!

Port. Wie zerſtäubt dieſer einzige Augenblick alle andre Leidenſchaften, raſche Verzweiflung, ſchauernde Furcht, und grünäugigte Eiferſucht in die Luft! O Liebe, mäßige dich, mildre deine Entzückung, regne deine Freude herab, ich fühle deine Wonne zu ſtark, vermindre ſie oder ich ſterbe, erſinke unter der Laſt deiner Freuden. (ſie öffnet das bleyerne Käſtchen, und nachdem er ihr Bildniß herausgenommen, hört die Muſik auf, und wechſelt mit Trompeten und Paukenſchall ab.)

Baſſ. O was find ich hier! der ſchönen Portia Bildniß? Und hier iſt die Rolle, die den Inhalt meines Glücks anzeigt:

Du, der nicht nach dem Schein gewählt,
Dir wird das Beſte zugezählt;
Und wie dirs Witz und Glück beſchieden,
So bleib auch ſtets damit zufrieden.
Stimmt dein Geſchick mit deinem Sinn,
So ſchau nach deiner Schönen hin,
Und eigne ſie zum frohen Gruß,
Durch einen liebesvollen Kuß.

Ein ſüſſer Befehl! Schönſtes Fräulein, mit eurer Erlaubniß. (er küßt ihr die Hand.) Aber noch ſtehe ich zweifelsvoll, ob das, was ich ſehe, wirklich ſey, bis es aus eurem eignen Munde bekräftiget ſeyn wird.

Port. Ihr ſehet mich hier, Baſſanio, ſo wie ich bin; ich bin nicht ſo ehrgeizig in meinen Wünſchen, daß ich mich um meiner ſelbſt willen viel beſſer wünſchen ſollte als ich bin; allein um euertwillen wünſchte ich, dreymal, zwanzigmal ich ſelbſt zu ſeyn, tauſendmal ſchöner, zehntauſendmal reicher an Tugenden, Annehmlichkeiten, Gütern und Freunden, einzig und allein um es für euch, und eurer deſto würdiger zu ſeyn. Allein meine ganze Summe iſt ein Theil von etwas, das überhaupt zu reden nichts beſſers iſt, als ein unwiſſendes, unausgebildetes und unerfahrnes Mädchen; darinn glücklich, daß ſie noch nicht ſo alt iſt, um nicht noch Luſt zum Lernen zu haben; noch glücklicher darinn, daß ſie nicht ſo übel erzogen iſt, um nicht fähig zu ſeyn mehr zu lernen; und am allerglück-

glücklichsten darinn, daß ihre folgsame Seele sich
eurer Führung übergiebt, als ihres Herrn, ihres
Beherrschers und Königs. Ich selbst, und alles,
was mein ist, ist von diesem Augenblick an euch
zugefallen. Einen Augenblick zuvor war ich Herr
von diesem schönen Sitz, Gebieterinn über meine
Bedienten; und Königinn über mich selbst. Und
nun, von diesem Augenblick an, sind dieses Haus,
diese Bedienten, und dieses mein Selbst euer. Mein
Herr, ich gebe sie euch mit diesem Ringe. Tra=
get Sorge zu ihm, so lieb euch alles ist, was ich
mit ihm gebe; denn wofern ihr ihn veräussert,
verliert oder verschenket, so laßt es ein Vorzei=
chen des Untergangs unsrer Liebe seyn, und mir
das Recht geben, mit euch zu brechen.

Bass. Ihr habt mich aller Worte beraubt; mein
Blut allein spricht in meinen Adern zu euch. —
Wenn dieser Ring jemals von meinem Finger
scheidet, dann scheidet das Leben von mir; o,
dann sagt kühnlich, Bassanio ist todt.

Ner. Itzt ist die Reihe an uns, die wir von
ferne standen, und unsre Wünsche in Erfüllung
gehen sahen, euch Freude, unzählige Freude zu=
zuwünschen.

Grat. Ich wünsch euch alle Freude, die ihr euch
selbst wünschen könnt; denn ich bin gewiß, ihr
wünscht euch keine von mir; und wenn ihr den
Tag bestimmen werdet, an welchem eure Liebe feyer=
lich bestätiget werden soll, so erlaubt, daß eben der=
selbe Tag auch mein Hochzeittag seyn möge.

Bass. Von Herzen gern, wenn du jemanden fin=
den kannst, der dich will.

Grat. Ich habe schon jemand gefunden. Mei=
ne Augen können so schnell sehen, als die euri=
gen; ihr sahet das Fräulein, und ich ihre Freun=
dinn; ihr liebtet, ich liebte; denn Kaltsinnigkeit

ist

ist meine Sache so wenig als die eurige. Euer Glück hieng von diesem Kästchen ab, das meinige auch. Denn da ich mich bis zum Schwitzen anstrengte, ihr zärtliche Dinge vorzusagen, und schwur bis mir der Gaumen auftrocknete, so erhielt ich endlich von dieser Schönen das Versprechen, daß ich ihre Liebe haben sollte, wenn ihr das Glück haben werdet, ihre Dame zu erhalten.

Port. Ist das wahr, Nerissa?

Ner. Es ist so, wenn es euch nicht mißfällt.

Bass. Und ist es an eurer Seite, Gratiano, in rechtem Ernst gemeynt?

Grat. Auf meine Ehre!

Bass. Eure Verbindung wird unserm Fest viel Ehre anthun.

Siebenter Auftritt.

Vorige. Lorenzo, reisemäßig. Gobbo.

Lor. Vergebt, gnädiges Fräulein, mein unartiges Eindringen; aber die dringendste Nothwendigkeit, mit Bassanio zu sprechen — —

Bass. Willkommen, Lorenzo, von Herzen willkommen! Mit eurer Erlaubniß, angenehmste Portia, heisse ich meinen werthen Freund und Landsmann willkommen.

Port. Das thue ich auch, mein Herr; ihr seyd von Herzen willkommen.

Lor. Ich danke Euer Gnaden. Was euch betrift, Bassanio, so war meine Absicht wohl nicht, euch so bald hier zu sehen; allein — — (er giebt Bass. einen Brief.) Signor Antonio empfiehlt ihn euch.

Bass. Eh ich diesen Brief öffne, sagt mir, wie befindet sich mein Freund?

Lor. Nicht krank, es wäre denn am Gemüth; und nicht wohl, ausser am Gemüth; sein Brief wird euch seinen Zustand eröffnen.

Baſſ. (öffnet den Brief.)

Grat. Eure Hand, Lorenzo. Was giebts neues in Venedig? was macht der edelmüthige Antonio? Ich weis, er wird über unser Glück erfreut seyn; wir sind die Jasons, wir haben das goldne Fließ erobert.

Lor. Ich wollte, ihr hättet erobert, was er verloren hat.

Port. Der Inhalt dieses Briefs muß sehr traurig seyn, daß er so die Farbe von Bassanios Wangen stiehlt — der Tod irgend eines theuern Freundes; nichts geringers könnte einen standhaften Mann so sehr aus seiner Fassung setzen. Wie? immer schlimmer und schlimmer; mit eurer Erlaubniß, Bassanio, ich bin halb ihr Selbst, und muß die Hälfte von allem, was es auch seyn mag, haben, das dieser Brief enthält.

Baſſ. O liebste Portia, hier sind wenige Worte, aber die unangenehmsten, die je geschrieben worden. Edles Fräulein, als ich euch zuerst von meiner Liebe sagte, gestand ich euch frey, daß mein ganzer Reichthum in meinen Adern lauffe, daß ich nichts als ein Edelmann sey. Ich sagte euch die Wahrheit; und doch, theures Fräulein, da ich mich selbst für nichts rechne, werdet ihr sehen, um vie wiel ich noch ein Praler gewesen bin. Als ich euch sagte, mein Vermögen sey nichts, hätte ich euch sagen sollen, daß es weniger als nichts sey. Denn in der That, ich habe mich selbst einem theuern Freund, und meinen Freund seinem tödtlichen Feind obligirt, um Mittel zu erhalten. Hier, Fräulein, ist mein Brief; das Papier ist wie der Leib meines Freundes

des, und jedes Wort darinn eine gährende Wunde, die sein Lebensblut ausströmt. Ist es denn wahr, Lorenzo? Sind alle seine Güter verloren? ist nichts davon gekommen? von Tripoli, von Mexico, von England, von Lissabon, aus der Barbarey, aus Indien? Und nicht ein einziges Schiff den Klippen entgangen?

Lor. Nicht ein einziges. Zudem so scheint es; daß, wenn er itzt auch baares Geld hätte, den Juden zu bezahlen, der Jud es nicht annehmen würde. Niemals hab ich ein Geschöpf in menschlicher Gestalt auf eine so wüthende Art auf eines Menschen Untergang erpicht gesehen. Er ermüdet den Herzog Tag und Nacht, und schreyt über die verletzte Freyheit des Staats, wenn man ihm die Justitz versage. Zwanzig Kaufleute, die vornehmsten Glieder der Regierung, der Herzog selbst haben ihm aufs nachdrücklichste zugesprochen; aber es ist keinem unter ihnen möglich gewesen, ihn von seiner boshaften Klage auf die wörtliche Exekution der Verschreibung, die er von Antonio in Händen hat, abzubringen.

Gob. Wie ich noch bey ihm war, hört ich ihn gegen Tubal und Chub schwören, daß er lieber Antonios Fleisch haben wollte, als zwanzigmal den Betrag der Summe, die er ihm schuldig sey. Und ich bin gewiß, gnädiger Herr, daß es dem Antonio hart ergehen wird, wenn ihn Gesetz, Ansehen und Macht nicht beschützen.

Port. Ist es ein werther Freund von euch, der in solcher Unruh sich befindet?

Bass. Der theuerste von meinen Freunden, der gütigste, der rechtschaffenste Mann; ein Mann, dessen größtes Vergnügen ist, wohl zu thun, und in welchem die alte Römische Ehre sichtbarer erscheint als in irgend einem andern, der in Italien Athem hohlt.   Port.

Port. Wie viel ist er dem Juden schuldig?
Baſſ. Drey tausend Ducaten, und das für mich.
Port. Wie? nicht mehr? Zahlt ihm sechs tausend und vernichtet die Verschreibung; zahlt ihm zweymal sechs tausend, und triplirt noch diese Summe, eh ein Freund von solchem Werth nur ein Haar durch meines Bassanios Schuld verlieren soll; dann niemals sollt ihr mit einer beunruhigten Seele an Portias Seiten seyn. Ihr sollt Geld genug haben, diese nichtsbedeutende Schuld zwanzigmal zu bezahlen. Wenn sie bezahlt ist, so bringt euern getreuen Freund mit; Nerissa und ich wollen indeß als Wittwen leben. Kommt, auf den Weg! denn ihr sollt an eurem Verlöbnißtag von hier fort; heisset eure Freunde willkommen, zeigt ein aufgeräumtes Gesicht, und erwartet alles von meiner Liebe. Aber erst laßt mich eures Freundes Brief hören.

Baſſ. (Liest.) „Liebster Bassanio. Alle mei-
„ ne Schiffe sind verunglückt, alle meine Wech-
„ sel ausgeblieben; meine Gläubiger werden grau-
„ sam, mein Vermögen ist aufs äusserste herab-
„ gekommen, und meine Verpfändung an den Ju-
„ den verfallen. Und da es, wenn ich sie bezah-
„ le, unmöglich ist, daß ich bey Leben bleibe, so
„ sind alle Schulden zwischen euch und mir abge-
„ than, wenn ich euch nur noch vor meinem To-
„ de sehen könnte. Nichtsdestoweniger thut was
„ euch beliebt; wenn eure Freundschaft euch nicht
„ bewegt zu kommen, so laßt euch meinen Brief
„ nicht bewegen. „

Port. O Freundschaft! Eilet, Bassanio, so sehr ihr könnt.

Baſſ. Ich will, da ich eure gütige Erlaubniß habe; aber bis ich wieder komme, soll kein Bette an meiner Verzögerung schuldig werden,
und

und kein Schlaf mich einen Augenblick länger von euch trennen, als es die dringende Noth meines Geschäftes thun wird. (mit Gratiano und seinem Gefolge ab.)

Achter Auftritt.

Portia. Nerissa. Lorenzo. Gobbo.

Port. (zu Lor.) So eilt er in seiner Verwirrung fort, ohne euch zu danken und zu bescheiden. Aber ich danke ihm dieses Versehen, denn es kömmt meinem Unternehmen recht sehr zu statten. Ich stelle mir vor, da dieser Antonio ein Herzensfreund von meinem Bassanio ist, er könne nicht anders, als ihm ähnlich seyn. Ist aber dieses, wie wenig wäre das der Rede werth, was ich darauf verwenden, was ich noch unternehmen will, das Ebenbild von meiner eignen Seele den Glauen einer höllischen Grausamkeit abzujagen. Dies sähe einem Lobe meiner selbst zu ähnlich — also nichts mehr hievon. Zur Sache. Lorenzo, ich sehe und spreche euch zwar zum erstenmal; aber ihr seyd meines Bassanios Freund, und so schenke ich euch mein ganzes Vertrauen. Wollt ihr mein Vorhaben unterstützen? wollt ihr mir beystehen?

Lor. Theuerstes Fräulein, ich bin von Herzen willig dazu, und werde euern Befehlen in allem nachkommen.

Port. Nun gut. Liebste Nerissa, ich habe eine Arbeit vor mir, wovon du dir noch nichts träumen lässest; wir wollen unsere Liebhaber sehen, eh sie sichs vermuthen.

Ner. Sollen sie uns auch sehen?

Port. Das sollen sie, Nerissa; aber in einem
sol-

solchen Aufzuge, daß sie uns so leicht nicht kennen sollen. Ich will noch eine schnarrende Mittelstimme zwischen Knabe und Mann an mich nehmen, und aus zwo kleinen trippelnden Mädchentritten einen männlichen Schritt machen; ich will —

Ner. Wollen wir uns etwa in Männer verwandeln?

Port. Vielleicht. Lorenzo, ihr begleitet uns also? Und kann ich in Bassanios Wohnung, ohne sein Wissen, mich aufhalten?

Lor. Ich werde es leicht erfahren können, in welchem Gasthofe er eingekehrt seyn wird.

Port. Also dort. Indeß ein Zimmer in demselben, oder unsere Verkleidung uns ihm verbergen, zeiget ihr euch ihm unter dem Vorwande, daß ich euch mit Geld und Wechseln auf alle Fälle ihm nachgeschickt habe. Kommt nun, das übrige meines Entwurfs und eurer Rolle sollt ihr auf der Reise erfahren. — — Noch eins; — Euer Diener scheint mir ein Mensch zu seyn, auf den man sich verlassen kann?

Lor. Ich habe ihn immer ehrlich und getreu befunden.

Port. (zu Gobbo.) Nun laß dich auch itzt so finden. Ich muß vorher noch einen Brief schreiben, damit eile so hurtig als der äußerste Fleiß eines Menschen vermag, nach Padua, und gieb ihn in die eignen Hände meines Vetters, des Doctor Bellario; und die Papiere und Kleider, die er dir geben wird, bring, ich bitte dich, mit der möglichsten Eilfertigkeit in das gewöhnliche Postschiff, das nach Venedig geht. Verlier keine Zeit mit Worten, eile, wir werden noch vor dir zu Venedig seyn. (alle ab.)

Neunter

Neunter Auftritt.

Gasse.

Antonio. Schylock. Kerkermeister.

Schyl. Gebt wohl auf ihn acht; sagt mir nichts von Barmherzigkeit; es ist der Narr, der Geld ohne Zinsen ausgeliehen hat. Gebt acht auf ihn; ihr müßt mit eurem Kopf für ihn stehn.

Ant. Höre mich einen Augenblick, guter Schylock.

Schyl. Ich habe meine Verschreibung; sage nichts wider meine Verschreibung, ich hab einen Eid geschworen, daß ich haben will, was du mir verschrieben hast. Du nanntest mich einen Hund, eh du Ursache dazu hattest; weil ich denn ein Hund bin, so nimm dich vor meinen Zähnen in acht. Der Herzog soll mir Justiz angedeihen lassen — — (zum Kerkerm.) Mich wundert nur, daß du so gut bist, auf sein Bitten mit ihm auf die Strasse zu gehen.

Ant. Ich bitte dich, höre mich reden.

Schyl. Meine Verschreibung will ich haben, ich will dich nicht reden hören; ich will meine Verschreibung haben. Alles was du sagen kannst, würde dir nichts helfen; ich will mich nicht zu einem sanftmüthigen, dumköpfigen Tropfen machen lassen, der den Kopf schüttelt, die Schultern sinken läßt, seufzt, und christlichen Fürbitten nachgiebt. — Lauffe mir nicht nach; ich will keine Worte, ich will meine Verschreibung haben. (ab.)

Zehnter

Zehnter Auftritt.

Antonio. Kerkermeister.

Kerk. Das ist der unerbitlichste Hund, der jemals unter Menschen geloffen ist.

Ant. Laß ihn gehen, ich will ihm nicht mehr mit unnützen Bitten folgen; er sucht mein Leben. Seine Ursache kenne ich wohl; ich habe manchen ehrlichen Leuten, die sich ihm verbürget hatten, von ihm losgeholfen, wenn sie sich in Zeiten an mich wandten; das ist der Grund seines Hasses.

Kerk. Ich bin versichert, der Herzog wird nimmermehr zugeben, daß er eure Verschreibung zu einer so unmenschlichen Rache misbrauche.

Ant. Der Herzog kann den Lauff des Gesetzes nicht aufhalten, denn das Zutrauen, das die Fremden zu uns haben, und ihre Sicherheit gründet sich auf die genaue und buchstäbliche Handhabung des Gesetzes: Eine Vorbeygehung desselben, so groß auch der Schein der Billigkeit seyn möchte, würde dem ganzen Staat gefährlich werden, dessen Gewerb und Vortheil von allen Nationen abhängt. Mir ist durchaus nicht zu helfen; ach! meine Unglücksfälle und Widerwärtigkeiten haben mir so zugesetzt, daß ich morgen schwerlich noch ein Pfund Fleisch für meinen blutgierigen Gläubiger übrig haben werde. Wohl dann, guter Mann, wieder hinein. Wenn nur Bassanio komt, und mich seine Schuld bezahlen sieht, so bekümmere ich mich um alles übrige nichts mehr.

(beyde ins Haus ab.)

Dritter Aufzug.

Erster Auftritt.

Das Rathhaus.

Der Herzog. Die Senatoren. Die Gerichtsschreiber. Ausser dem Gegitter oder Kan-
zellen: Antonio. Bassanio. Gratiano.
Gerichtsdiener.

Herz. Ist Antonio hier?
Ant. Zu Euer Durchlaucht Befehl.
Herz. Ich bin bekümmert um dich; du hast es
mit einem steinernen Ankläger zu thun, einem unmenschlichen Elenden, der keines Mitleidens fähig ist.
Ant. Ich habe vernommen, daß Euer Durchlaucht große Mühe genommen, seine Hartherzig-
keit zu mildern; weil er aber nicht zu erweichen
ist, und keine gesetzmäßige Mittel vorhanden sind,
mich vor seinem Haß sicher zu stellen, so setz ich
seiner Wuth meine Geduld entgegen, und bin gefaßt mit ruhigem Gemüth die äusserste Grausamkeit des seinigen zu erdulden.
Herz. Ruft den Juden vor Gericht. (Ein Gerichtsdiener geht ab, und kömmt gleich wieder mit Schylock.)

Zweyter Auftritt.

Vorige. Schylock.

Herz. Laßt ihn vor uns über stehen. — Schylock, die Welt ist beglaubt, und ich bin es auch,
daß du diese angenommene Bosheit nicht weiter
trei-

treiben werdest, als bis es zur Vollziehung der
That selbst kommen werde; und man hält sich
versichert, daß du alsdann noch gröſſere Reue
und Barmherzigkeit zeigen werdest, als itzt deine unerhörte anscheinende Grauſamkeit ist. Man
hoffet, anstatt die nach dem strengen Recht dir
verfallene Genugthuung, nämlich ein Pfund von
dieſes armen Kaufmanns Fleiſch zu verlangen,
werdest du nicht nur die Strafe, sondern, von
menſchlicher Milde und Gütigkeit gerührt, auch
die Hälfte der Schuld nachlaſſen, und einen
mitleidigen Blick auf ſeine Unglücksfälle werfen,
welche kürzlich auf ſeinen Rücken zuſammenge-
stürmt haben, und groß genug sind, einen kö-
niglichen Kaufmann zu Boden zu drücken, und
Mitleiden mit ſeinem Zustand ſelbst aus ehernen
Buſen, und Herzen von Kieſelstein zu ſchlagen,
aus gefühlloſen Türken und Tartarn, die niemals
zu den Pflichten der ſanften Leutſeligkeit gezogen
worden. Wir alle erwarten eine verbindliche Antwort von dir, Jude.

Schyl. Ich habe Euer Durchlaucht meine Ge-
ſinnung ſchon eröffnet. Bey unſerm heiligen
Sabbath hab ich geſchworen, daß ich die mir
verſchriebene Genugthuung haben will. Verſagt
ihr sie mir, so mag es auf die Gefahr eurer
Geſetze, und der Handlungsfreyheit eurer Stadt
geſchehen! Ihr werdet mich fragen, warum ich
lieber ein Pfund elend Fleiſch haben, als drey
tauſend Ducaten nehmen will? Ich will itzt nichts
anders darauf antworten, als, es beliebt mir
nun so; ist das nicht Antwort genug? Wie,
wenn ich in meinem Hauſe von einer Ratze be-
unruhiget werde, und es beliebt mir, zehn tauſend Ducaten zu geben, um sie bannen zu laſſen?
He, ist euch die Antwort hinlänglich? Es giebt
Leu-

Leute, die einen Abscheu vor einem gähnenden Schwein haben, andere die von Sinnen kommen, wenn sie eine Katze sehen, und dergleichen; und wie man von allen diesen keine befriedigende Ursache angeben kann, so kann und will ich auch keine andre Ursache geben, warum ich so sehr auf der Strenge meines Rechts gegen Antonio bestehe, als eine gewisse natürliche und eingewurzelte Antipathie, die ich wider ihn habe. Seyd ihr nun mit meiner Antwort zufrieden?

Baff. Das ist keine Antwort, du gefühlloser Mann, die deine ungezähmte Grausamkeit entschuldigen kann.

Schyl. Auch hab ich keine Pflicht, euch mit meiner Antwort zu gefallen.

Baff. Tödtet denn jedermann, was er hasset?

Schyl. Haßt jemand etwas, das er nicht tödten möchte?

Baff. Eine jede kleine Beleidigung soll nicht gleich einen Haß hervorbringen.

Schyl. So? Wolltet ihr euch von einer Schlange zweymal stechen lassen?

Ant. Ich bitte euch, bedenkt, daß ihr mit einem Juden redet. Ihr möchtet euch eben sowohl an das Ufer stellen, und dem hohen Meer befehlen, sich zu senken; ihr möchtet eben sowohl mit dem Wolfe disputiren, warum er dem Schaafe sein Lamm geraubt habe; oder den Bergfichten verbieten, ihre hohen Wipfel zu neigen und zu rauschen, wenn sie von einem Wirbelwind entblättert werden; kurz es ist nichts so unmöglich, das Ihr nicht eben sowohl thun könntet, als das härteste unter allen Dingen, ein jüdisches Herz, zu erweichen. Ich bitte euch also, bietet ihm nichts mehr an, braucht keine Beweggründe mehr; sondern laßt mich so schleunig als es seyn kann, meinen

nen Urtheilspruch, und den Juden seinen Willen haben.

Bass. Statt drey tausend Dukaten, sind hier sechs tausend.

Schyl. Wenn jeder Dukat von sechs tausend Dukaten in sechs Theile getheilt, und jeder Theil ein Dukat wäre, so wollt ich sie nicht nehmen; ich will haben, was mir verschrieben ist.

Herz. Wie kannst du hoffen, einmal Barmherzigkeit zu erlangen, da du keine beweisest?

Schyl. Was für ein Gericht soll ich fürchten, wenn ich kein Unrecht thue? Ihr habt viele gekaufte Sklaven unter euch, die Ihr, wie eure Esel, eure Hunde und Maulthiere, nach einer schlechten und knechtischen Weise behandelt, weil Ihr sie gekauft habt. Wenn ich zu euch sagte: Laßt sie frey, verheurathet sie an eure Erbinnen! warum laßt Ihr sie so unter ihren Bürden schwitzen? laßt ihnen so weiche Betten machen als die eurigen sind, und kitzelt ihren Gaumen mit eben so ausgesuchten Speisen, wie die eurigen. So werdet Ihr mir antworten: Die Sklaven sind unser. So antwort ich euch auch: Das Pfund Fleisch, das ich von ihm verlange, ist theuer genug gekauft, es ist mein, und ich will es haben; versagt Ihr mirs, so ist das Vertrauen auf eure Gerechtigkeit hin, so ist keine Kraft in den Gesetzen von Venedig. Ich steh hier, und fordre Justiz; antwortet, soll ich sie haben?

Herz. Ich kann Kraft meiner Gewalt dieses Gericht entlassen, bis Bellario, ein erfahrener Rechtsgelehrter, den ich, sein Gutachten über diesen Handel zu geben, habe beruffen lassen, angekommen seyn wird.

Grat.

Grat. Gnädigster Herr, es wartet hier vor der Thüre einer, den der Doktor Bellario von Padua mit Briefen an Euer Durchlaucht abgeschickt hat.

Herz. Ruft ihn herein. (Ein Gerichtsdiener ab)

Bass. Habe guten Muth, Antonio! Wie, Mah, ein Herz gefaßt! der Jude soll eher mein Fleisch und Blut, meine Knochen und alles haben, eh du nur einen Tropfen Bluts um meinetwillen verlieren sollst.

Ant. Ich bin ein angestecktes Schaaf unter der Heerde, das zu nichts taugt als zum Tode; die schwächsten Früchte fallen am leichtesten zur Erde, und so laßt mich fallen; Ihr könnt nichts besseres thun, Bassanio, als leben und meine Grabschrift machen.

Dritter Auftritt.

Vorige. Nerissa, als ein Schreiber eines Advokaten gekleidet, wird von dem Gerichtsdiener eingeführt.

Herz. Kommt ihr von Padua, von Bellario?

Ner. Von beyden, gnädigster Herr. Bellario empfiehlt sich Euer Durchlaucht zu Gnaden. (sie übergiebt ihre Briefe; Herzog liest. Der Jude wetzt ein Messer an seinem Schuh.)

Bass. Warum wetzest du dein Messer so ernstlich?

Schyl. Um meinen Versatz von diesem Bankrottirer auszuschneiden.

Grat. Nicht an deiner Schuhsohle, an deiner Seele machst du dein Messer scharf. Denn kein Metall, nein, keines Henkers Beil kann halb so scharf seyn als dein Neid. — Können keine Bitten dich durchdringen?

D 2   Schyl.

Schyl. Nein, keine, die du Verstand genug hast zu thun.

Grat. O, daß du verdammt werdest, unerbittlicher Hund! dein Leben ist eine laute Anklage wider die Gerechtigkeit. Bald machst du mich der Meynung des Pythagoras beytreten, daß thierische Seelen in die menschlichen Leiber wandern. Dein hündischer Geist beseelte einen Wolf, der gehenkt wurde, weil er einen Menschen zerrissen hatte; und unmittelbar vom Galgen flog seine tükische Seele davon, und fuhr in dich; denn deine Begierden sind wölfisch, blutig, heißhungrig und gefräßig.

Schyl. So lange du nicht das Siegel von meiner Verschreibung abschimpfen kannst, so thust du nur deiner Lunge weh, wenn du so laut schreyst. Laß deinen Witz ausbessern, junger Mensch, oder er fällt dir in einen unheilbaren Ruin zusammen. Ich stehe hier um Justiz.

Herz. Dieser Brief von Bellario empfiehlt mir einen jungen und gelehrten Doktor für unsern Rechtshandel. Wo ist er?

Ner. Er wartet nicht weit von hier auf Antwort, ob ihr ihn vorlassen wollt.

Herz. Von Herzen gerne. (zu einigen von den Senatoren.) Ihr beyde habt die Güte, zu gehen, um ihn auf eine anständige Art hieher zu führen. (Die zwey Senatoren ab.) Unterdessen soll der Gerichtshof Bellarios Brief hören. (er giebt einem Gerichtschreiber den Brief.)

Gerichtschb. (liest.) „Euer Durchlaucht ge-
„ruhen sich benachrichtigen zu lassen, daß Dero
„Schreiben mich sehr krank angetroffen hat; al-
„lein in eben dem Augenblick, als Dero Kourier
„ankam, befand sich ein junger Doktor von Rom,
„Namens Balthasar, auf einen freundschaftli-
„chen

„ chen Besuch bey mir; ich informirte ihn in der
„ streitigen Sache zwischen dem Juden und dem
„ Kauffmann Antonio. Wir schlugen manche
„ Bücher miteinander auf: Er weis meine Mey=
„ nung, die nun, durch seine eigene Gelehrsam=
„ keit verbessert, deren Grösse ich nicht genug rüh=
„ men kann, mit ihm kommt, an meiner Statt
„ Euer Durchlaucht gnädigstes Verlangen zu er=
„ füllen. Ich bitte Euer Durchlaucht, seine Ju=
„ gend keine Ursache seyn zu lassen, ihn unter sei=
„ nen Werth zu schätzen; denn ich habe niemals
„ einen so jungen Leib mit einem so weisen Kopf
„ gesehen. Ich überlasse ihn Dero gnädigsten
„ Aufnahme; die Probe wird zu seiner Em=
„ pfehlung das meiste thun. „

Vierter Auftritt.

Vorige. Portia, als ein Doktor der Rechts=
gelehrtheit gekleidet, wird von den zwey
Senatoren eingeführt.

Herz. Hier kömmt der Doktor. — Gebt mir eure
Hand. Ihr kömmt ja von dem alten Bellario?
Port. Ja, gnädigster Herr.
Herz. Ihr seyd willkomen; nehmt euern Platz.
Seyd Ihr bereits von dem Handel berichtet, der
die gegenwärtige Gerichtsversamlung beschäftiget?
Port. Ich bin von der ganzen Sache vollkom=
men benachrichtiget. Welcher unter diesen ist der
Kauffmann, und welcher der Jude?
Herz. Antonio und Schylock tretet hervor.
Port. (zu Schyl.) Ist euer Name Schylock?
Schyl. Schylock ist mein Name.
Port. So ausserordentlich und anstössig euer
Gesuch ist, so ist es doch so beschaffen, daß das

Venezianische Geſetz euch nicht verwehren kann, es in dem Wege Rechtens zu ſuchen. (zu Ant.) Seyd ihr der Beklagte?

Ant. Ja.

Port. Erkennt ihr die Verſchreibung?

Ant. Ja, ich leugne ſie nicht.

Port. So muß der Jude barmherzig ſeyn.

Schyl. Und warum muß ich? was kann mich dazu zwingen? das möcht ich wohl wiſſen.

Port. Die Barmherzigkeit leidet keinen äuſſerlichen Zwang, ſondern träufelt gleich einem milden, himmliſchen Regen freywillig herab. Ob nun gleich, o Jude, dein Geſuch dem ſtrengen Recht gemäß iſt, ſo bedenke doch, daß nach dem Lauf der ſtrengen Gerechtigkeit keiner unter uns die Seligkeit ſehen könnte. Dies ſag ich dir in der Abſicht, dich zu einem milden Nachlaß von der Strenge deines Rechts zu bewegen; denn wenn du es ſchlechterdings verfolgeſt, ſo iſt dieſer geſetzmäßige Gerichtshof von Venedig genöthiget, das Urtheil wider dieſen Kauffmann auszuſprechen.

Schyl. Meine Thaten über meinen Kopf! Ich fordre, was mir Kraft meiner Verſchreibung nach dem Buchſtaben des Geſetzes gebührt.

Port. Iſt er nicht im Stande, die Schuld zu bezahlen?

Baſſ. Allerdings, hier biet ich es ihm vor dieſem Gerichtshof an, ja zweymal ſo viel als ihm gebührt; und wenn er daran noch nicht genug hat, ſo will ich bey Verluſt meiner Hände, meines Kopfs und meines Herzens, mich anheiſchig machen, ihm zehnmal ſoviel zu bezahlen. Wenn das nicht hinlänglich iſt, ſo überwiegt ſeine Bosheit das äuſſerſte, was Vernunft und Billigkeit thun kann, ihn zu einem Vergleich zu bewegen. Ich bitte euch, bieget doch dieſes einzigemal das Geſetz unter

unter euer Ansehen. Thut ein kleines Unrecht, um ein großes Recht zu thun, und krümmet den unbiegsamen Eigensinn dieses grausamen Teufels.

Port. Das kann nicht seyn; es ist keine Gewalt in Venedig, die etwas wider ein eingeführtes Gesetz vermag. Es würde sogleich zum Präjudiz gereichen, und tausend Misbräuche würden, durch ein solches Beyspiel entschuldigt, in den Staat einreissen. Es kann nicht seyn.

Schyl. Ein Daniel ist gekommen, Gericht zu halten, ein Daniel. O weiser, junger Richter, wie verehr ich dich!

Port. Ich bitte euch, laßt mich eure Verschreibung sehen.

Schyl. Hier ist sie, sehr ehrwürdiger Doktor, hier ist sie.

Port. Schylock, hier ist jemand, der dir dreymal so viel anbietet, als du zu fordern hast.

Schyl. Ein Eid, ein Eid — — ich bin durch einen Eid im Himmel gebunden. Soll ich einen Meineid auf meine Seele laden? Nein, nicht um Venedig!

Port. Nun, diese Verschreibung ist verfallen; und nach dem Gesetz kann der Jud ein Pfund Fleisch, zu nächst an des Kauffmann Herzen, ausgeschnitten fordern. — — Sey barmherzig; nim dreymal so viel als dein Geld beträgt, und laß mich die Verschreibung zerreissen.

Schyl. Nicht eher bis sie ihrem Inhalt gemäß bezahlt ist. Es scheint, Ihr seyd ein würdiger Richter; Ihr kennt das Gesetz; eure Auslegung war vollkommen gründlich. Ich requirire euch Kraft des Gesetzes, wovon Ihr ein verdienstvoller Pfeiler seyd, schreitet zur Sentenz. Bey meiner Seele schwör ich es, keine menschliche Zunge ist vermögend, mich auf einen andern Entschluß zu bringen. Ich fordre was mir verschrieben ist.

Ant. Ich bitte den Gerichtshof herzlich, das Urtheil zu sprechen.

Port. Wie? wenn das geschehen soll, so müßt ihr euch gefaßt machen, euern Busen dem Messer darzubieten.

Schyl. O edler Richter! o vortreflicher junger Mann!

Port. Denn das Gesetz berechtiget den Gläubiger vollkommen; die Genugthuung, die im Kontrakt versprochen ist, nach dem Buchstaben desselben zu fordern.

Schyl. Richtig! vollkommen richtig! o weiser und rechtschaffener Richter, wie viel älter bist du als deine Blicke!

Port. Entblöst Ihr also euern Busen.

Schyl. Ja, seine Brust, so sagt die Verschreibung; thut sie es nicht, edler Richter? zu nächst an seinem Herzen; das sind die ausdrücklichen Worte.

Port. Es ist so. Ist eine Waage da, das Fleisch zu wägen?

Schyl. Ich hab eine bey mir.

Port. Es muß auch ein Wundarzt da seyn, auf eure Unkosten, Schylock, um seine Wunde zu verbinden, denn sonst möcht er sich zu Tode bluten.

Schyl. Ist das in der Verschreibung ausgedrückt?

Port. Es ist nicht ausgedrückt; aber was thut das? es wäre doch gut, wenn ihr es aus Menschenliebe thätet.

Schyl. Ich kann es nicht finden; es ist nichts davon in der Verschreibung.

Port. Kommt Kauffmann; habt ihr noch irgend etwas vorzutragen?

Ant. Sehr wenig; ich bin gefaßt und wohl vorbereitet.— Gebt mir eure Hand, Bassanio; lebet

bet wohl. Bekümmert euch nicht, daß es um eu͡ertwillen hierzu mit mir gekommen ist. Denn in diesem Stück zeigt sich das böse Glück gütiger gegen mich, als seine Gewohnheit ist. Es ist sonst immer sein Gebrauch, den Unglücklichen, der seinen Wohlstand überlebt hat, mit hohlen Augen und runzlichter Stirne ein dürftiges Alter sehen zu lassen. Von der langsamen Quaal eines so elenden Zustandes werd ich doch durch diesen Schnitt befreyt. Empfehlt mich eurer Verlobten, erzählt ihr die Umstände von Antonios Tod, sagt ihr, wie ich euch geliebt habe; und wenn die Geschichte geendigt ist, so laßt sie urtheilen, ob Bassanio nicht einst einen Freund gehabt habe. Grämet euch nicht, daß Ihr ihn verlieren müßt; so reuet es ihn auch nicht, daß er eure Schulden bezahlt; denn, wenn der Jude nur tief genug schneidet, so werd ich sie in wenig Augenblicken mit vergnügtem Herzen bezahlt haben.

Baff. Antonio, ich bin an ein Frauenzimmer verlobt, die mir so theuer ist, als das Leben selbst; aber mein eignes Leben, meine Braut und die ganze Welt, ist mir nicht theurer als dein Leben. Ich wollte dieses alles dahin geben, ja, alles diesem Teufel hier aufopfern, um euch zu retten.

Port. Eure Geliebte würde euch wenig Dank wissen, wenn sie zugegen wäre, und dieses Anerbieten hörte.

Grat. Ich hab eine Geliebte, die ich, versichert, von Herzen liebe; aber ich wollte, sie wäre im Himmel, wenn sie irgend eine Macht desselben bewegen könnte, den Sinn dieses hündischen Juden zu ändern,

Ner. Es ist gut, daß Ihr hinter ihrem Rücken so freygebig seyd; dieser Wunsch könnte sonst eine böse Ehe machen.

Schyl.

Schyl. (für sich.) So sind die Christen. Ich hab eine Tochter; lieber hätte ich gewollt, daß einer aus Barabbas Brut ihr Ehmann geworden wäre, als ein Christ. — — Wir verderben die Zeit; ich bitte euch, beschleuniget den Sentenz.

Port. Ein Pfund von dieses Kauffmanns Fleisch ist dein; das Gesetz giebt es dir, und der Hof spricht es dir zu.

Schyl. O höchst gerechter Richter!

Port. Und du sollst dieses Fleisch aus seiner Brust schneiden; das Gesetz erlaubt es, und der Hof spricht dirs zu.

Schyl. O höchst gelehrter Richter! — — Ich habe nun das Urtheil. (zu Antonio.) Komm, mach dich fertig.

Port. Noch eine kleine Geduld; es ist noch etwas weniges vorher auszumachen. — — Diese Verschreibung hier giebt dir nicht ein Tüpfchen Blut; die Worte lauten ausdrücklich: Ein Pfund Fleisch. Nimm also, was dir verschrieben ist, nimm dein Pfund Fleisch; aber wofern du im Ausschneiden einen einzigen Tropfen Christen-Blut vergiessest, so fallen, Kraft der Gesetze von Venedig, alle deine liegenden und fahrenden Güter der Republick anheim.

Grat. O der rechtschaffene Richter! horch, Jude! o der gelehrte Richter!

Schyl. Bringt dies das Gesetz so mit sich?

Port. Du kannst es mit deinen eignen Augen lesen; denn da du die Justiz so sehr betreibst, so sey versichert, du sollst Justiz haben, und mehr als du verlangst.

Grat. O der gelehrte Richter! horch, Jude! ein gelehrter Richter!

Schyl. Ich nehme also das obige Anerbieten an; bezahlt dreymal so viel, als er mir schuldig ist, und laßt den Christen gehen. Bass.

Baſſ. Hier iſt das Geld.

Port. Der Jude ſoll vollkommene Juſtitz haben; ſachte, nicht ſo haſtig; er ſoll nichts haben, als was ihm die Verſchreibung zuſpricht.

Grat. O Jude! ein rechtſchaffener Richter! ein gelehrter Richter!

Port. Mache dich alſo gefaßt, ihm das Fleiſch auszuſchneiden; aber vergieſſe kein Blut, und ſchneide nicht weniger noch mehr, als gerade ein Pfund Fleiſch; denn nimmſt du mehr oder weniger, als ein ganzes Pfund, wär es auch nur ſoviel als die Hälfte des zwanzigſten Theils eines einzigen armen Skrupels; wenn es die Waagſchale nur um ſoviel als ein einziges Haar überziehen macht: ſo ſtirbſt du und alle deine Güter ſind verfallen.

Grat. Ein anderer Daniel! ein Daniel, Jude! Nun, Ungläubiger, hab ich dich bey der Hüfte!

Port. Warum zaudert der Jude? Nimm dein verfallenes Pfand.

Schyl. Gebt mir mein Darlehn.

Baſſ. Ich hab es für dich bey Handen; hier iſt es.

Port. Er hat es vor dem Angeſicht des Gerichtshofs ausgeſchlagen; er ſoll nichts als Juſtitz haben, nach dem Buchſtaben ſeiner Verſchreibung.

Grat. Ein Daniel, ſag ich noch einmal, ein zweyter Daniel! Ich bedanke mich bey dir, Jude, daß du mich dies Wort gelehrt haſt.

Schyl. Soll ich denn nicht wenigſtens mein vorgeſchoſſenes Kapital haben?

Port. Du ſollſt nichts haben, als dein verfallenes Pfund Fleiſch, das du, wie beſagt, auf deine Gefahr nehmen kannſt, Jude.

Schyl. Nun, ſo machs ihm der Teufel wohlbekommen! Ich will hier nicht länger die Zeit verderben.

Port.

Port. Sachte, Jude. Das Gesetz hat noch einen Anspruch an euch. Es ist in den Statuten von Venedig verordnet; wofern auf einen Fremden erwiesen werden sollte, daß er durch direkte oder indirekte Mittel das Leben eines Bürgers gesucht, so soll der beleidigte Theil berechtiget seyn, sich der Hälfte seines Vermögens zu bemeistern, die andre Hälfte aber dem Fiskus anheim fallen, und das Leben des Beleidigers gegen alle andre Stimmen einzig und allein in die Willkühr des Herzogs gestellt seyn. Nun behaupte ich, daß du dich in diesem Falle befindest. Denn es ergiebt sich aus deinem Verfahren offenbarlich, daß du nicht nur indirekte, sondern so gar direkte etwas gegen das Leben des Appellaten unternommen hast; weswegen du denn in die obbesagte Strafe gefallen bist. Nieder also, und bitte den Herzog um dein Leben!

Grat. Bitte um die Erlaubniß, daß du dich selbst hängen dürfest; doch es ist wahr, da dein ganzes Vermögen konfiscirt ist, so bleibt dir nicht so viel übrig, daß du einen Strick kauffen könntest; du mußt also schon auf Unkosten des Staats gehangen werden.

Herz. Damit du den Unterschied von unserm Geist und dem deinigen sehen mögest; so schenk ich dir dein Leben, eh du darum bittest. Was dein Vermögen betrift, so ist die Hälfte dem Antonio, und das übrige der gemeinen Schatzkammer anheim gefallen; doch kann vielleicht Demuth und Unterwerfung diese Strafe zu einer Geldbuße mildern.

Port. Ja, auf Seiten des Staats, nicht des Antonio.

Schyl. Nein, nehmt mein Leben auch, wenn Ihr mir alles nehmt; schenkt es mir nicht; Ihr

nehmt

nehmt mein Haus, wenn ihr den Pfeiler nehmt, der mein Haus unterstützt. Ihr nehmt mein Leben, wenn Ihr mir die Mittel nehmt, wodurch ich lebe.

Port. Was für Barmherzigkeit könnt ihr ihm erwiedern, Antonio?

Grat. Einen Strick! gratis; sonst nichts. Einen Strick, um Gottes willen!

Ant. Mit verhoffter Verwilligung meines gnädigsten Herrn, des Herzogs, und des ganzen Gerichtshofes, erbiet ich mich die Geldbuße für die eine Hälfte seines Vermögens zu bezahlen, wofern er einwilliget, mir die Verwaltung der andern zu lassen, um sie nach seinem Tod dem Edelmann einzuhändigen, der unlängst seine Tochter entführt hat; und dann, daß er vor Angesicht des Gerichtshofes ein Instrument zu machen einwillige, wodurch er alles Vermögen, was er nach seinem Tode hinterlassen wird, diesem Edelmann und seiner Tochter vermacht.

Herz. Er soll es thun, oder ich nehme die Begnadigung zurück, die ich ihm angedeihen lassen.

Port. Bist du zufrieden, Jude? Was sagst du?

Schyl. Ich bin zufrieden.

Herz. Man setze das Instrument auf.

Schyl. Ich bitte, erlaubt mir, mich weg zu begeben; ich bin nicht wohl. Schickt mir das Instrument zu, ich will es unterzeichnen.

Herz. Geh deines Wegs. (Schylock ab. Der Herzog und die Uebrigen stehen auf; im Aufstehen zu Portia.) Mein Herr, ich ersuche euch, zum Mittagessen zu mir zu kommen.

Port. Ich bitte Euer Durchlaucht unterthänig, mich entschuldiget zu halten. Ich muß diese Nacht wieder in Padua seyn, und kann mich unmöglich länger aufhalten.

Herz.

Herz. Es ist mir leid. — Antonio, seyd dankbar gegen diesen Herrn; denn ihr habt ihm gewiß die größte Verbindlichkeit. (mit den Senatoren ab.)

Fünfter Auftritt.

Portia. Nerissa. Bassanio.
Antonio. Gratiano.

Bass. Sehr würdiger Herr, ich und mein Freund sind durch eure Weisheit an diesem Tag aus der äussersten Gefahr befreyet worden; wir ersuchen euch also, die drey tausend Dukaten, die dem Juden bestimmt waren, als eine geringe Vergeltung eurer verbindlichen Mühwaltung anzunehmen.

Port. Der ist wohl bezahlt, der wohl zufrieden ist. Ich bin zufrieden, daß ich euch gut gedient habe, und halte mich also dadurch genugsam bezahlt. Erinnert euch meiner, wenn wir wieder zusammen kommen. Ich wünsche euch Gutes, und beurlaube mich hiermit von euch.

Bass. Ich kann euch unmöglich so entlassen. Nehmt wenigstens ein Angedenken von uns, als einen Tribut unsrer Erkenntlichkeit, nicht als eine Bezahlung.

Port. Nun so gebt mir eure Handschuhe, ich will sie zu euerm Andenken tragen, und aus Freundschaft für euch, will ich diesen Ring von euch annehmen. Zieht eure Hand nicht zurück, ich will euch sonst nichts nehmen, und ich hoffe, ihr werdet mir das nicht abschlagen.

Bass. Dieser Ring, mein Herr, ist von gar zu geringem Werth, ich müßte mich schämen, euch eine solche Kleinigkeit gegeben zu haben.

Port.

Port. Ich will sonst nichts haben als diesen Ring; und es dünkt mich, ich habe nun eine rechte Lust nach ihm.

Bass. Es liegt mir mehr an diesem Ring, als sein Werth beträgt. Ich will euch den kostbarsten Ring in gang Venedig geben, ich will ihn durch öffentlichen Ausruf ausfindig machen; aber was diesen betrift, so bitte ich euch, mir zu verzeihen.

Port. Ich sehe, mein Herr, ihr seyd nur freygebig mit Anerbietungen; ihr lehrtet mich erst bitten, und nun, dünkt mich, lehrt ihr mich, wie man Bettlern antworten soll.

Bass. Mein werther Herr, dieser Ring ist ein Geschenk von meiner Braut, und, wie sie ihn mir an den Finger steckte, mußt ich ihr angeloben, daß ich ihn niemals weder verkauffen noch verschenken, noch verlieren wollte.

Port. Diese Entschuldigung ist sehr alltäglich, mein Herr; wenn eure Geliebte nicht eine Närrinn ist, und erfährt, wiewohl ich diesen Ring verdient habe, so wird sie wahrhaftig keinen ewigen Unwillen darüber auf euch werfen, das ihr ihn mir gegeben habt. Gut; lebt wohl. (mit Nerissa ab.)

Sechster Auftritt.

Antonio. Bassanio. Gratiano.

Ant. Liebster Bassanio, gebt ihm den Ring. Laßt sein Verdienst um uns und meine Freundschaft diesesmal das Verbot eurer Geliebten überwiegen.

Bass. Geht, Gratiano, eilet, hohlet ihn ein, und gebt ihm den Ring ins Himmelsnamen. Hurtig! (Grat. ab.) Und nun kommt, Antonio, wir wollen gerade nach meinem Gasthofe, und morgen vor Tag wollen wir nach Belmont fliegen. (beyde ab.)

Siebenter

Siebenter Auftritt.

Ein Zimmer des Gasthofs mit verschiedenen Thüren.
Lorenzo. Gobbo.

Lor. Vortreflich, mein treuer Gobbo, du hast deinen Auftrag unvergleichlich ausgerichtet; du hast alle unsere Hoffnungen und Wünsche übertroffen. Welche Freude wird Antonio, und seine Freunde —

Gob. Sie kommen, Signor. Was befehlt ihr nun weiter?

Lor. Begieb dich auf mein Zimmer, und warte da, bis ich dich rufe; dann komme, und gieb unserm würdigsten Freunde das Schreiben, daß ihn und uns alle glücklich macht. (Gobbo ab.)

Achter Auftritt.

Antonio. Bassanio. Lorenzo.

Bass. Ha, liebster Lorenzo! bester Freund! (sie umarmen sich.) Weist du, wie glücklich wir alle sind?

Lor. Ich hab es nur eben von dem Rechtsgelehrten erfahren, der Antonios Retter war. Euch, (er umarmt Antonio) schätzbarester Freund, wünsche ich zu euerer Befreyung vom ganzen Herzen Glück.

Bass. Aber, wie kömmt es, daß ich euch hier sehe?

Lor. Auf Befehl eurer geliebten Portia mußt ich mit Geld und Wechseln versehen euch unverzüglich folgen, um zu eurem Beystande —

Bass. Welch ein zärtliches Mädchen! — Aber, Gott sey Dank, daß wir euer Geld und eure Wechsel nicht mehr bedürfen. Neunter

Neunter Auftritt.

Vorige. Gratiano aus einer Seitenthüre.

Baſſ. Zu ſpat vielleicht? nicht mehr angenoṁen?

Grat. Ey ja doch! wenn nur noch mehr Ringe da geweſen wären, ich glaube, ſie hätten ſie alle haben müſſen.

Lor. (für ſich) Itzt wird die Entdeckung wohl nicht mehr ferne ſeyn.

Grat. Mit meiner Geſandtſchaft bin auch ich um den Ring, den ich von meiner Neriſſa, auf die nämliche Art wie ihr, erhalten habe, gekommen. Der kleine Schreiber hat ſo lange um mich herum getrippelt, bis der Ring von meinem Finger weg geſpielet war.

Baſſ. Das hat ſehr eilig geſchehen müſſen, weil ihr ſchon wieder zurück ſeyd?

Grat. Sie wohnen ja in dem nämlichen Gaſthofe; da in dem Zimmer, aus dem ich eben gekommen, hab ich ſie verlaſſen.

Baſſ. So kommt dann, Antonio; unſere Dankbarkeit gegen ſie verpflichtet uns, ſie noch einmal zu ſprechen, und — — (er will mit Antonio ins Kabinet.)

Grat. (hält ſie zurück.) Ihr werdet nicht willkommen ſeyn; ſie hieſſen mich, ſo bald ſie die Ringe hatten, fort gehen, weil ſie ſich zu ihrer Rückreiſe nach Padua eilig umkleiden müßten; doch aber haben ſie mir die Hoffnung, ſie vor ihrer Abreiſe noch einmal zu ſehen, nicht benommen. (er nimmt den Lorenzo wahr, und bewillkommt ihn ſtillſchweigend.)

Baſſ. Das müſſen wir alſo abwarten.

Ant. Und können wir diese Zeit besser hinbringen, als wenn wir dem Lorenzo sein Glück, dessen er durch seine so eifrig bewiesene Freundschaft vollkommen würdig ist, bekannt machen?

Bass. Dieses Glück besteht in einem Instrument, worinn sich Schylock verbindet, euch die eine Hälfte seines Vermögens gleich abzutreten, und von der andern euch und eure Jeßika nach seinem Tode zu seinen Erben einzusetzen.

Lor. Auch das weis ich bereits, und so sehr mich dieses Glück freuen muß, so ist meine Freude doch noch dadurch verdoppelt, daß ich es der Großmuth des Antonio zu verdanken habe. Aber, wie glücklich bin ich, die Freude, die ihr mir gemacht, mit einer andern zu erwiedern, die euer aller Herzen wünschen! — Gobbo!

Zehnter Auftritt.

Vorige. Gobbo.

Gob. (giebt Antonio einen Brief.) Signor —

Lor. Ein Einschluß von eurem Freund Stephano —

Ant. (liest) — O meine theuersten, meine besten Herzensfreunde! — Nur ein von meinen Feinden ausgesprengtes falsches Gerücht hat mich um meine Schiffe gebracht; drey derselben sind reichlich beladen eingelauffen; auch haben sich alle meine Wechsel, die Schylock unterschlagen hat, wieder vorgefunden. Chub, sein Mitgehülfe, hat sich auf die wunderbarste Weise selbst verrathen, und ist bereits gefänglich eingezogen. Geniesset nun mit mir — —

Bass.

Baff. Auf dem Lande, Antonio, auf dem Lande! Kommet mit uns nach Belmont — kommet, wir wollen uns nicht länger mehr aufhalten, wir wollen alle sogleich — —

Lor. Ohne eure Geliebten? ohne eure Bräute?

Baff. |
Grat. | Unsere Geliebten?

Lor. Die euch nachgelauffen, und nun hier sind, um euch nicht aus den Augen zu lassen.

Baff. Wo, liebster Freund? Bringet uns augenblicklich zu ihnen! Wo sind sie?

Lor. (auf das Kabinet, woraus Grat. gekommen, zeigend:) Hier. — Da ich ihr Begleiter war, so muß ich sie euch auch zuführen. (ins Kabinet ab.)

Baff. Wie? In dem Zimmer der Fremden? (zu Grat.) Und ihr sagtet uns kein Wort —

Grat. Ich habe bey ihnen nicht einen Schatten von einem Frauenzimmer, wohl aber noch eine Thüre zu einem Kabinet gesehen, worinn vielleicht — —

Baff. Meine Portia bey dem Römischen Doktor?

Grat. Meine Nerissa bey dem kleinen trippelnden Schreiber?

Baff. Ich begreiffe nur nicht — — sie kommen.

Eilfter Auftritt.

Vorige. Portia und Nerissa in Amazonenkleidern von Lorenzo geführt.

Port. Werdet ihr es, mein Liebster, der Heftigkeit meiner Liebe zu gute halten —

Baff.

Baſſ. (verlegen.) O ich danke euch, mein Fräulein; heiſſet meinen Freund willkommen, hier iſt der Mann, hier iſt Antonio, dem ich unendlich verpflichtet bin.

Port. Ihr ſollt es billig in jeder Bedeutung dieſes Worts ſeyn, denn wie ich höre, hatte er ſich höchlich für euch verpflichtet.

Ant. Nicht mehr, als wofür ich vollkommen befriediget bin.

Port. Mein Herr, ihr ſollt in unſerm Hauſe ſehr willkommen ſeyn; es muß auf eine andere Art als durch Worte bewieſen werden; wir wollen alſo unſern Athem nicht zu Komplimenten verſchwenden.

Grat. (zu Neriſſa, mit der er ſich gleich bey deren Eintritt ins Geſpräch eingelaſſen) Bey jenem Mond ſchwör ich, ihr thut mir Unrecht; auf meine Treue, ich gab ihn des Doktors ſeinem Schreiber; ich wollte daß er zu Hauſe geblieben wäre, da ihr es euch ſo zu Gemüth ziehet, meine Liebe.

Port. Ein Zank! wie? gleich im erſten Augenblick? wovon iſt die Rede?

Grat. Von einem goldnen Reifchen, einem armſeligen Ring, den ſie mir gab, deſſen Poeſie auf der Gottes Welt nichts mehr war, als Meſſerſchmieds Pocterey auf einem Taſchenmeſſer: Lieb mich allein, ſo bin ich dein.

Ner. Was ſchwatzt ihr hier von Poeſie oder von Werth? Ihr ſchwurt mir, als ich ihn euch gab, daß ihr ihn bis in euern Tod tragen wolltet, und daß er mit euch in euerm Grabe liegen ſollte; wenn es auch nicht um meinetwillen geweſen wäre, ſo hättet ihr ihn wenigſtens um eurer entſetzlichen Schwüre willen behalten ſollen. Ihr habt ihn dem Schreiber eines Doktors gegeben,

ſagt

ſagt ihr? wahrhaftig, der Schreiber, der ihn hat, wird nimmermehr Haar an ſeinem Kinn tragen.

Grat. Er wird, wenn er ſo lange lebt, bis er ein Mann wird.

Ner. Das glaub ich wohl, mein Treue!

Grat. Nun, bey dieſer Hand, ich gab ihm einem jungen Burſchen, einer Art von Buben, einem kleinen Kautz von einem Buben, nicht gröſſer als du, der des Doktors Schreiber war; einem Bürſchchen, der ihn mir ſtatt der Sporteln abbettelte; ich konnt es nicht über mein Herz bringen, ihms abzuſchlagen.

Port. Ihr ſeyd zu tadeln, wenn ich aufrichtig reden ſoll, daß ihr eurer Braut erſtes Geſchenk ſo leichtſinnig weggegeben habt; etwas das noch dazu mit Eidſchwüren an eure Finger geheftet war, und ein Pfand eurer Treue ſeyn ſollte. Ich gab meinem Geliebten einen Ring, und machte ihn ſchwören, daß er ihn niemals von ſich geben wollte; ich wollte, ſo wie er hier ſteht, für ihn ſchwören dürfen, daß er ihn nicht um die ganze Welt von ſeinem Finger kommen lieſſe. In der That, Gratiano, ihr habt Neriſſen groſſe Urſache gegeben, über euch zu klagen; wenn mir ſo was begegnete, es würde mich unſinnig machen.

Baſſ. (für ſich) Nun, ſo wär es am beſten, ich haute mir die linke Hand ab, und ſagte, ich verlohr den Ring, indem ich ihn vertheidigte.

Grat. Gnädiges Fräulein; Baſſanio gab ſeinen Ring dem Doktor, der darum bat, und ihn in der That wohl verdient hatte; hernach kam der Junge, ſein Schreiber, der einige Mühe mit Schreiben gehabt hatte, und bettelte mir den meinen ab; und weder der Herr noch der Diener wollte etwas anders annehmen, als dieſe zween Ringe.

Port.

Port. Was für einen Ring gabt ihr weg, mein Herr? Ich hoffe, nicht den, so ihr von mir bekommen habt?

Baff. Wenn ich noch eine Unwahrheit zu meinem Fehler hinzuthun könnte, so wollt ich es läugnen; aber ihr sehet, der Ring ist nicht an meinem Finger, er ist fort.

Port. Und mit ihm die Treue, die euer falsches Herz mir geschworen hat. Beym Himmel, ich will nicht zur Trauung kommen, bis ich den Ring sehe!

Baff. Liebste Portia! wenn ihr wüßtet, wem ich den Ring gab, wenn ihr wüßtet, für wen ich den Ring gab, und wenn ihr euch vorstellen könntet, für was ich den Ring gab, und wie ungern ich den Ring gab, da man schlechterdings sonst nichts annehmen wollte, als den Ring; so würdet ihr gewiß von der Strenge euers Unwillens nachlassen.

Port. Wenn ihr den innern Werth des Rings gekannt hättet, oder nur die Hälfte des Werths derjenigen, die euch den Ring gab, oder wie sehr eure eigne Ehre euch verband, den Ring zu behalten, so würdet ihr gewiß den Ring nicht weggegeben haben. Wo ist ein so unbescheidner Mann, der, wenn es euch beliebt hätte, euch mit einigen lebhaften Ausdrücken dessen zu weigern, auf der Fordrung einer Sache bestanden wäre, die ihr als eine Art von Heiligthum geschätzt hättet? Nerissa lehrt mich, was ich glauben soll; ich will mein Leben dafür lassen, irgend ein Frauenzimmer hat den Ring.

Baff. Nein, auf meine Ehre, Fräulein, auf meine Seele! kein Frauenzimmer hat ihn, sondern ein Doktor der Rechten, der drey tausend Dukaten, die ich ihm geben wollte, ausschlug,

und

und um den Ring bat; ich weigerte mich so sehr, daß er endlich ganz misvergnügt von mir weggieng; eben der, der nichts geringers als das Leben meines theuren Freundes rettete. Was konnt ich sagen, theuerste Portia? Ich war genöthiget, ihm den Ring nachzuschicken; ich stand zwischen Schande und Höflichkeit, und konnt es nicht ertragen, meine Ehre mit Undankbarkeit beschmitzt zu sehen. Verzeihet mir, Fräulein; bey diesen himmlischen Kerzen! wäret ihr zugegen gewesen, ihr würdet mir selbst den Ring abgefordert haben, um ihn diesen würdigen Doktor zu geben.

Port. Nehmt euch in acht, daß dieser Doktor meinem Hause nicht zu nahe komme. Da er das ❚❚❚ von euch bekommen hat, das ich so werth h❚❚❚, und das ihr aus Liebe zu mir zu behalten schwuret, so will ich so freygebig werden, wie ihr; ich will ihm nichts abschlagen; nein, nicht das geringste; ich kenne ihn schon, er gefällt mir nicht übel, und ich will ihn noch viel näher kennen lernen. Seyd ja keine Nacht ausser dem Hause; bewacht mich wie ein Argus; thut ihrs nicht, und laßt mich allein, nun so schwör ich bey meiner Ehre, ich will diesen Doktor zu meinem Schlafgesellen haben.

Ner. Und ich seinen Schreiber; nehmt euch also wohl in acht, daß ihr mich nicht meiner eignen Aufsicht überlaßt.

Grat. Gut, thut es; aber seht euch vor, daß ich ihn denn nicht ertappe; kriege ich ihn, so will ich dem jungen Schreiber — —

Ant. Ich bin die unglückliche Ursache dieser Händel.

Port. Mein Herr, bekümmert euch nicht, ihr sollt nichts destoweniger willkommen seyn.

Baff.

Baſſ. Portia, verzeihet mir einen Fehler, den ich nicht vermeiden konnte. Vor den Ohren aller dieſer Freunde ſchwör ich dir, bey deinen eignen ſchönen Augen, worinn ich mich ſelbſt ſehe — —

Port. Bemerkt dieſen Ausdruck! In meinen beyden Augen ſieht er ſich doppelt, in jedem Auge einmal, ſchwört bey eurem zweyfachen ſelbſt; das wird ein Eid ſeyn, auf den man ſich verlaſſen kann!

Baſſ. Nein, höre mich nur; verzeihe mir dieſen Fehler, und ich ſchwöre bey meiner Seele, ich will dir gewißlich keinen Schwur mehr brechen.

Ant. Gnädiges Fräulein, ich verpfände einmal meinen Leib für ſeine Wohlfahrt, und denjenigen, der euers Geliebten Ring hat, wäre es mir unglücklich ergangen ſeyn. Ich darf kühnlich noch einmal für ihn Bürge werden und meine Seele daran ſetzen, daß er euch nimmermehr wiſſentlich ſeine Treue brechen wird.

Port. So ſollt ihr ſeine Sicherheit ſeyn. Gebt ihm dieſen Ring, und ſagt ihm, er ſoll ihn beſſer verwahren, als den andern.

Ant. Hier, Baſſanio; ſchwört, dieſen Ring niemals zu veräuſſern.

Baſſ. Beym Himmel! es iſt der nämliche, den ich dem Doktor gab.

Port. Ich hatt ihn von ihm. Verzeihet mir, Baſſanio, um dieſen Ring erlaubte ich dem Doktor nur erſt kürzlich eine Viſitte, und die zweyte in Belmont.

Ner. Verzeiht mir auch, mein lieber Gratiano; denn eben jener Kautz von einem kleinen Buben, des Doktors Schreiber, beſchenkte mich nur erſt kürz-

73

kürzlich damit, (sie giebt ihm einen Ring) und begleitet mich nach Belmont.

Grat. Wir kommen ja unvermuthet in die große Bruderschaft, ehe wir uns haben wollen einschreiben lassen.

Lor. (zu Port.) Nun ist's doch wohl genug?

Baff. Theuerste Portia! ich weis nicht, was ich denken soll — —

Port. Das sollt ihr gleich wissen. — Gobbo, ich lasse die Herren ersuchen — (Gob. ins Kabinet ab.)

Baff Aber ums Himmelswillen —

Grat. Wir werden nicht Platz haben —

Port. Ihr werdet euch beyde recht gut mit ihnen vertragen.

Gob. (bringt die von Nerissa und Portia abgelegten Mannskleider.)

Port. Nun? sind diese Begleiter gefährlich?

Baff. Was soll ich das verstehen? Ich könnte von Sinnen kommen!

Grat. Wahrhaftlich Bruderschaftsröcke?

Port. Noch nichts? — Seht ihr denn in meinem Gesichte nichts ähnliches von demjenigen des Doktors?

Ner. Und ihr in dem meinigen den kleinen Schreiber?

Kann ich nicht den Doktor, und Nerissa Schreiber vorgestellt haben?

Wollen Sie sich zum Beweise nicht wieder umkleiden?

Baff. O Portia!

Grat. (zu Nerissa) Liebes Mädchen! } zugleich.

Port. Sehet, Antonio; die Liebe ist nicht weniger thätig, als die wärmste Freundschaft.

Baff. Auf also, in die Arme der Liebe, und der Freundschaft!